U0577853

共6册

机器人创意与编程（二）

第8册　Mixly Arduino智能机器人

谭立新　刘开新　著

北京理工大学出版社

BEIJING INSTITUTE OF TECHNOLOGY PRESS

内 容 提 要

本套教材体系上符合人工智能进入中小学编程教育的主要技术框架，内容上涵盖了机械结构、电子电路、Mixly 图形化编程、C 语言程序设计基础知识、Arduino C 代码编程、智能硬件应用、传感器应用、红外通信等方面的知识与实践。

本教材内容尽量简化了文字语言，最大限度地使用图形语言，力求适应不同年龄段的小学生认识事物与理解事物的特点。

图书在版编目（C I P）数据

机器人创意与编程. 二 共6 册 / 谭立新，刘开新著
. -- 北京：北京理工大学出版社，2024.5
ISBN 978 - 7 - 5763 - 3985 - 7

Ⅰ．①机… Ⅱ．①谭… ②刘… Ⅲ．①机器人 – 程序
设计 – 中小学 – 教材 Ⅳ．①G634.931

中国国家版本馆 CIP 数据核字（2024）第 097367 号

责任编辑：钟　博		**文案编辑：**钟　博	
责任校对：周瑞红		**责任印制：**施胜娟	

出版发行 / 北京理工大学出版社有限责任公司
社　　址 / 北京市丰台区四合庄路 6 号
邮　　编 / 100070
电　　话 / (010) 68914026（教材售后服务热线）
　　　　　　 (010) 68944437（课件资源服务热线）
网　　址 / http://www.bitpress.com.cn

版 印 次 / 2024 年 5 月第 1 版第 1 次印刷
印　　刷 / 河北盛世彩捷印刷有限公司
开　　本 / 889 mm×1194 mm　1/16
印　　张 / 49.75
字　　数 / 1046 千字
总 定 价 / 468.00 元（共 6 册）

前　言

机器人是一个融合机械、电子、计算机、智能控制、互联网、通信、人工智能等诸多技术的综合体，对未来学科启蒙意义重大。随着国家教育体制改革的不断深化，中小学开设以机器人为载体的新一代信息科技课程越来越受到高度重视。

众所周知，机器人技术中的任何一门学科都应该是中专及以上院校开设的课程，对于中小学生特别是小学生来说有什么意义呢？这就好比汉语言文学专业，它是我国大学史上最早开设的专业之一，可是从来没有哪一位学生是在考入大学的这一专业后才开始学习说话和写字的，也没有哪一位学生是在牙牙学语时便学习音韵、语法和修辞课程的。

本套《机器人创意与编程》教材立足于既要解决像汉语言文学专业的学生不需要从零开始学习"说话"和"写字"的问题，又尽量处理好像婴儿在牙牙学语时的"语法"与"修辞"的难题。

本套教材依据中国电子学会推出的《全国青少年机器人技术等级考试标准》，对课程体系的组织与安排充分注重教学内容的系统性、教学阶段的差异性、教学形式的趣味性和手脑并重的创意性。本套教材按照《全国青少年机器人技术等级考试标准》，体系上符合人工智能进入中小学编程教育的主要技术框架，内容上涵盖了机械结构、电子电路、软件编程、智能硬件应用、传感器应用、通信等方面的知识与实践。

本套教材共12册，适用对象为小学1~6年级的学生其中9~12册也适合7~9年级学生学习。

1~4册，主要通过积木模型介绍机械结构方面的知识，对应1~2年级的学生及一、二级等级考试；

5~8册，主要介绍Mixly图形化编程、电子电路、智能硬件及传感器的应用等知识，对应3~4年级的学生及三级等级考试；

9~12册，主要介绍C语言代码编程、电子电路、智能硬件及传感器的应用、红外通信等知识，对应5~6年级的学生及四级等级考试。

每册教材原则上按单元划分教学内容，即每个单元具有相对独立的知识点。为了便于学生学习与记忆，1~4册每课的知识点在目录中用副标题标出；5~12册每课的标题除应用型项目外，原则上用所学知识点直接标出。

中小学生机器人技术课程开发是一个全新的领域。由于编者水平有限，不妥和疏漏之处在所难免，敬请广大读者提出宝贵的意见和建议。

编　者

目　录

第1单元
循迹机器人

- Mixly Arduino C 程序训练
- 红外循迹机器人
- 循迹搬运机器人
- 灰度循迹机器人

第 1 课

红外循迹机器人

1.1 项目要点

1.1.1 项目任务

【**项目 1-1**】 制作一个红外循迹机器人。

用 2 路红外循迹传感器循线。用黑色胶带在白色地面上铺成一个环形路面作红外循迹机器人的循迹路线，红外循迹机器人始终沿着黑色路面前进，如图 1-1 所示。

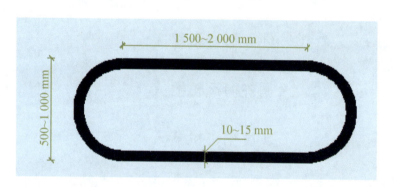

图 1-1 红外循迹机器人场地布置示意

红外循迹传感器安装在机器人（教学小车）头部，间距为 20~22 mm，红外探头离地面高度约为 15 mm。红外循迹机器人前进时黑色路面始终在左、右两个红外循迹传感器中间，如图 1-2 所示。

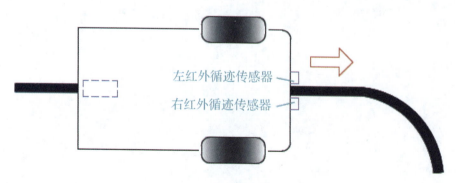

图 1-2 红外循迹机器人循迹示意

1.1.2　巩固提高

（1）进一步理解与掌握红外循迹传感器的工作原理与电路搭设。

（2）通过项目编程与体验，加深对信息处理流程的认识与理解，熟练掌握数字信号的读/写。

（3）进一步熟悉选择结构程序的运用，根据不同的条件选择处理不同的问题。

1.1.3　知识拓展

【物体的惯性】

惯性是物体的一种固有属性，是物体抵抗其运动状态被改变的性质。

红外循迹机器人从直道上驶入弯道时，在惯性的作用下很可能冲出路面而停止前进，因此编写程序时，要注意红外循迹机器人左轮和右轮速度差的控制。

例如红外循迹机器人在进入弯道前的运动是直线运动，在程序指令的控制下做转弯运动时它会抵抗这种改变。因此，如果红外循迹机器人左轮和右轮的速度控制不好它就会离开路面，如图 1-3 所示。

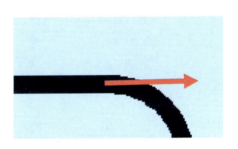

图 1-3　红外循迹机器人离开路面

1.2　编写程序

【程序 1-1】　红外循迹机器人。

1. 编程思路

红外循迹机器人沿着黑色路面前进，左、右红外循迹传感器分别照射在两边的白色地面上时，数字信号为1。如果红外循迹机器人左偏，它右边的红外循迹传感器会照射在黑色路面上，右红外循迹传感器的数字信号为0；反之，如果红外循迹机器人右偏，左红外循迹传感器的数字信号为0。

（1）当左、右红外循迹传感器照射在白色地面上时，红外循迹机器人正常前进，即左、右电动机速度相等。

（2）当左红外循迹传感器照射在黑色路面上时，说明红外循迹机器人向右偏离路面，降低左轮速度或停止左轮转动，修正红外循迹机器人的前进方向。

（3）当右红外循迹传感器照射在黑色路面上时，说明红外循迹机器人向左偏离路面，降低右轮速度或停止右轮转动，让右红外循迹传感器回到白色地面。

2. 程序流程图

程序 1－1 流程图如图 1－4 所示。

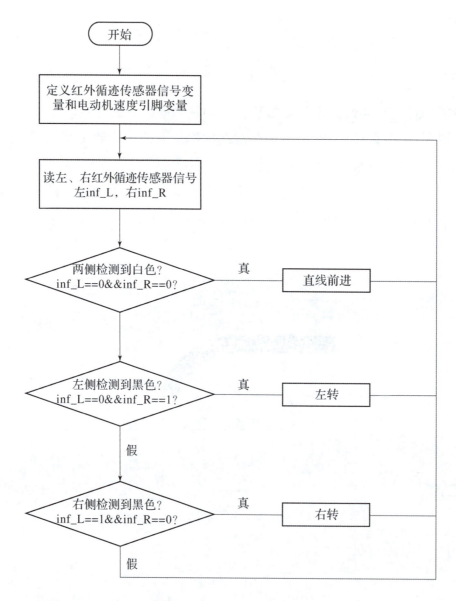

图 1－4　程序 1－1 流程图

3. 构建程序模块

程序 1－1 模块构建示意如图 1－5 所示。

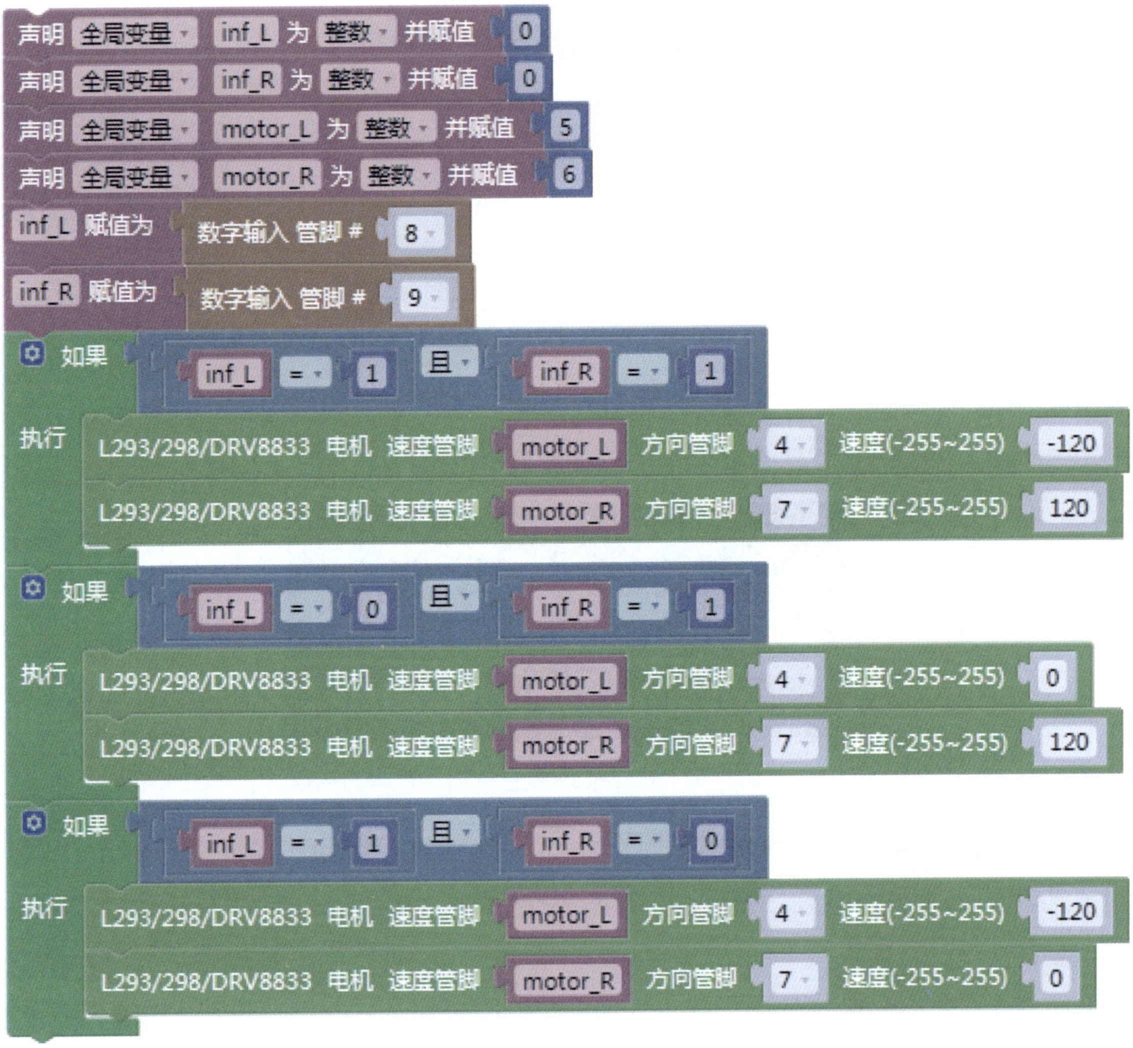

图 1-5 程序 1-1 模块构建示意

4. 程序注解

1）声明变量

程序模块的首部为变量的声明与定义。

inf_L、inf_R 为红外循迹机器人左红外循迹传感器信号变量和右红外循迹传感器信号变量。

motor_L、motor_R 分别为红外循迹机器人左电动机与右电动机引脚变量。定义左电动机引脚为 Arduino 开发板的模拟输出引脚 5，右电动机引脚为 Arduino 开发板的模拟输出引脚 6。

在第 7 册的第 15 课中，约定教学小车左电动机和右电动机的速度引脚分别用变量 motor_L 和 motor_R 表示。本课和后面的课程中仍然遵守这个约定。

2）读红外循迹传感器信号

读红外循迹传感器信号就是信息输入，是信息处理流程中的"输入"阶段。

用"数字输入"模块，分别将左、右红外循迹传感器获取的信息通过变量 inf_L、inf_R 读入 Arduino 微控制器（图 1-6）。

图 1 - 6　读红外循迹传感器信号

3）处理红外循迹传感器信号

处理红外循迹传感器信号就是对红外循迹传感器的信号进行判断，是信息处理流程中的"处理"阶段。

用"如果/执行"选择结构模块对输入的信息进行判断。程序 1 - 1 中一共用了 3 个"如果/执行"模块，分 3 种信息组合对红外循迹机器人的运动姿态进行判断（图 1 - 7）。

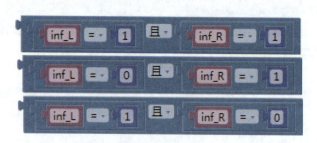

图 1 - 7　处理红外循迹传感器信号

要特别注意，在信息处理（判断）的过程中对信息可能存在的情形要进行仔细认真的分析，如果遗漏了某种可能存在的情形，程序执行过程就会出现异常。这一点对于选择结构程序设计来说是至关重要的。

例如上面的 3 个组合判断模块中，缺少任何一个判断模块，红外循迹机器人就不能正常循迹。

4）驱动电动机

驱动电动机，是信息处理流程中的"输出"阶段。

程序 1 - 1 中 3 个"如果/执行"模块根据不同的选择条件，设置红外循迹机器人前进、左转、右转 3 种不同的运动姿态。

5）执行下一次循环

根据程序 1 - 1 流程（图 1 - 4）可知，当红外循迹机器人（控制器）处理一次信息后接着读取下一次信息。

从程序 1 - 1 流程图可以看出：①红外循迹机器人程序从上往下只有 1 个流程；②红外循迹机器人的信息处理从上往下共有 3 个流程。

也就是说，一个信息处理流程结束后并不等于一个程序流程结束。

1.3　创意体验

1. 所需器材

（1）教学小车。

（2）红外循迹传感器2个。

（3）10 mm、15 mm、20 mm 跳线若干根。

（4）积木：

①连杆：13孔厚连杆1根、5孔厚连杆2根、3孔厚连杆2根；

②1×2圆孔梁2根；

③销子4个。

2. 元器件安装

1）安装红外循迹传感器。

（1）用2个30 mm长的螺栓将2个红外循迹传感器固定在连杆上，如图1-8所示。

图1-8　安装红外循迹传感器（1）

（2）用2根3孔厚连杆将红外循迹传感器固定在教学小车头部下方，如图1-9所示。

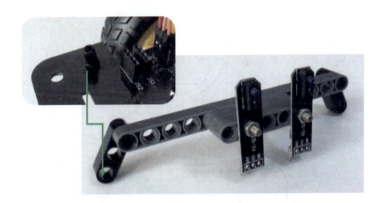

图1-9　安装红外循迹传感器（2）

（3）用2根1×2圆孔梁在教学小车头部上方锁定红外循迹传感器，如图1-10所示。

图1-10　安装红外循迹传感器（3）

3. 电路搭设

1）红外循迹传感器电路连接

（1）教学小车底部传感器线路连接。

将左红外循迹传感器的3个引脚连接教学小车底部的JS8引脚接口。JS8引脚接口在教学小车上部对应的编号是1、2、3、4、5、6。红外循迹传感器引脚GND、VCC、OUT依次连接引脚4、5、6。

同样，右红外循迹传感器连接教学小车底部的JS7引脚接口。JS7引脚接口在教学小车上部对应的编号是7、8、9、10、11、12。红外循迹传感器引脚GND、VCC、OUT依次连接引脚7、8、9。

注意，教学小车底部连接红外循迹传感器时用规格为10 cm的跳线，以防止跳线过长在教学小车运动时对红外循迹传感器造成影响。

在图1-11中，2个红外循迹传感器直接插在JS8和JS7引脚接口上只是为了示意，实际上应用跳线将它们连接起来。

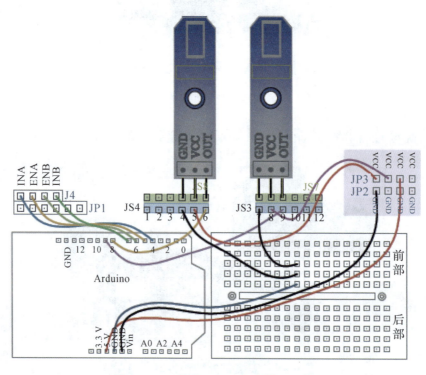

图1-11　程序1-1电路搭设示意

（2）教学小车上部红外循迹传感器电路连接。

左红外循迹传感器的信号引脚OUT连接Arduino开发板的引脚8，右红外循迹传感器信号引脚OUT连接Arduino开发板的引脚9。它们的电源引脚VCC分别连接教学小车的电源引脚VCC（JP3），接地引脚GND在面包板上连接在一起，再从面包板上连接到Arduino开发板的引脚GND。

2）电动机驱动电路连接

从教学小车左前部J4引脚接口上，左电动机控制引脚INA、ENA依次连接Arduino开发板的引脚4、5；右电动机控制引脚ENB、ENA依次连接Arduino开发板的引脚6、7，如图1-11所示。

3）电源连接

将教学小车的电源引脚 VCC、接地引脚 GND 对应连接 Arduino 开发板的引脚 5 V、GND，如图 1－11 所示。

4. 场地布置

红外循迹机器人场地布置如图 1－1 所示。

5. 体验效果

上传程序 1－1，体验红外循迹机器人的循迹效果。

将红外循迹机器人先放在黑色路面（胶带）上，左、右红外循迹传感器位于路面的两边，然后打开电源开关，红外循迹机器人开始沿着路面前进。

注意，因为电池电量可能不同，左、右电动机名义速度下的实际速度也有可能不同等原因，图 1－5 所示程序中的电动机速度设置不一定适合你正在体验的电动机。

如果红外循迹机器人的循迹效果不理想，要分析原因并反复调试。

 课后制作

1. 制作名称

【课后制作 1－1】　门在哪里。

2. 制作任务

制作一个能够自动找门出去的机器人。

用黑色胶带在白色或接近白色的地面上贴出留有一个缺口的圆，黑色胶带代表"围墙"，缺口代表"门"。机器人要从"围墙"中出来，遇到"围墙"时适当转弯或后退继续找"门"，直到从"门"里出来为止。

场地布置示意如图 1－12 所示。

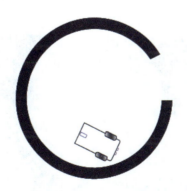

图 1－12　课后制作 1－1 场地布置示意

第2课

循迹搬运机器人

2.1 项目要点

2.1.1 项目任务

【项目2-1】 制作一个循迹搬运机器人。

循迹搬运机器人用红外循迹传感器循迹，用舵机搬运物体。循迹搬运机器人将物体沿黑色路面搬运到指定位置后放下来，适当后退并收回手臂，如图2-1所示。

图2-1 循迹搬运机器人场地布置示意

循迹搬运机器人的手臂由2个连杆机构组成。连杆机构安装在循迹搬运机器人前部，用舵机臂带动主动杆运动。舵机臂张开的角度设置为45°，如图2-2所示；抓住物体的角度设置为90°，如图2-3所示。

图2-2 舵机臂张开45°示意

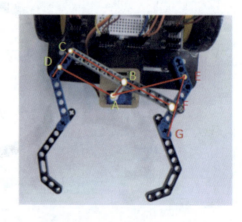

图2-3 舵机臂张开90°示意

2个红外循迹传感器安装在舵机下方，间距为20~22 mm，红外探头离地面高度约为5 mm。

2.1.2 巩固提高

（1）进一步理解与掌握舵机的基本工作原理与应用。

在实际应用中，舵机转动的角度不能随意设置，要根据实际需要设计。

（2）把握红外循迹传感器与执行器动作的协调性。

要根据程序执行的流程和信息处理的流程，让执行器的各个动作协调一致。例如循迹搬运机器人中2个直流电动机的动作和舵机的动作必须协调才能完成搬运。

（3）提高对连杆机构的认识与应用能力。

例如，在图2-4中，舵机臂驱动循迹搬运机器人右臂（ABCD）的平面连杆结构中：AD 为机架，AB 和 CD 为连架杆，BC 为连杆。左臂（ABEF）的形式虽然不一样，但其结构原理相同。

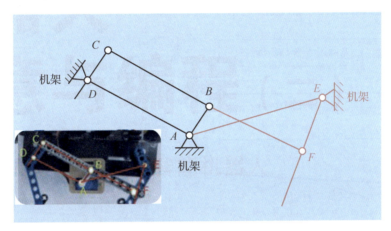

图2-4　循迹搬运机器人左、右手臂结构示意

2.1.3 知识拓展

【循迹搬运机器人】

循迹搬运机器人是可以进行自动化搬运作业的工业机器人。

最早的循迹搬运机器人出现在1960年的美国，Versatran 和 Unimate 两种机器人首次用于搬运作业。

循迹搬运机器人是近代自动控制领域出现的一项高新技术，涉及力学、机械学、液压气压技术、自动控制技术、传感器技术、单片机技术和计算机技术等，已成为现代机械制造生产体系中的重要组成部分。

循迹搬运机器人的优点是可以通过编程完成各种预期的任务，在自身结构和性能上具有人和机器各自的优势，尤其体现出人工智能和适应性。

2.2　编写程序

【程序2-1】　循迹搬运机器人。

1. 编程思路

控制舵机抓取物体，将其搬运到指定区域。放下物体并后退，然后收回手臂。

（1）在"初始化"模块中张开循迹搬运机器人手臂并抓取物体。

由于舵机没有对物体的感知能力，所以程序无法控制循迹搬运机器人自动抓取物体。初始化时，循迹搬运机器人手臂张开后将物体直接放进去。

（2）红外循迹传感器控制循迹搬运机器人沿规定路线将物体搬运到指定区域并放下物体。

（3）控制循迹搬运机器人离开物体放置区，然后收回手臂并停下来。

2. 流程图

程序 2-1 流程图如图 2-5 所示。

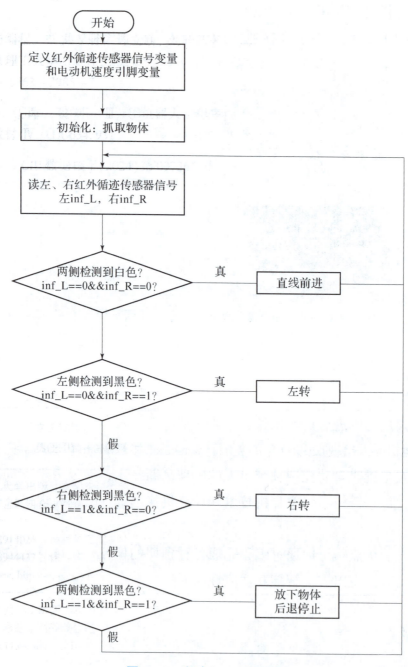

图 2-5　程序 2-1 流程图

3. 构建程序模块

为了减小程序模块构建长度，构建程序模块时 2 个红外循迹传感器引脚及舵机引脚直接在程序模块中定义。

程序 2 – 1 模块构建示意如图 2 – 6 所示。

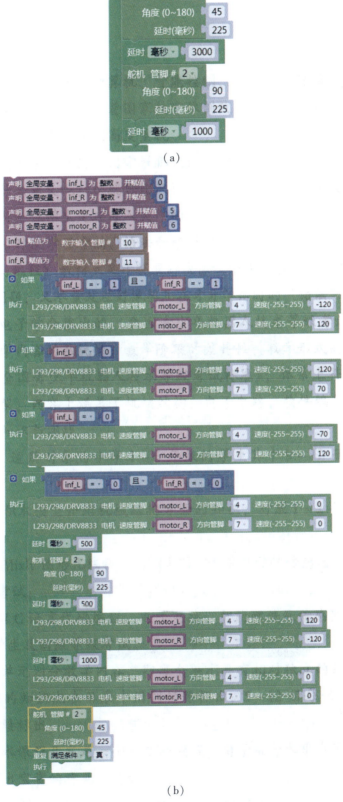

（a）

（b）

图 2 – 6　程序 2 – 1 模块构建示意

（a）程序 2 – 1 "初始化" 模块构建示意；（b）程序 2 – 1 整体模块构建示意

1）初始化舵机

程序2-1构建了一个"初始化"模块，它的作用是抓取物体。先将舵机初始化为45°位置，这个角度是根据两个手臂需要张开的幅度决定的。舵机臂驱动连杆结构的2根连架杆张开，然后设置一个适当的延时时间等待将物体放进手臂。

为什么要将抓取物体的程序指令模块放在"初始化"模块中呢？因为"初始化"模块中的程序指令只被执行一次，循迹搬运机器人在后面搬运物体的过程中，它的手臂不会反复张开和抓握物体。

2）声明变量

程序2-1首部声明并定义了4个变量，如下所示。

电动机速度引脚变量：motor_L、motor_R；

红外循迹传感器信号变量：inf_L、inf_R。

3）读红外循迹传感器信号

循迹搬运机器人抓取物体后开始用"数字输入"模块读红外循迹传感器的数字信号，程序2-1根据这些信号控制循迹搬运机器人的运动姿态（图2-7）。

图2-7　读红外循迹传感器信号

4）处理红外循迹传感器信号

程序2-1用3个"如果/执行"条件选择模块对红外循迹传感器信号进行处理，让循迹搬运机器人始终沿着指定路线行驶。

5）循迹搬运机器人放置物体的动作控制

程序2-1最后一个"如果/执行"模块用条件 inf_L==0&&inf_R==0 判断循迹搬运机器人是否到了放置物体的指定区域，如果到了指定区域则放下物体，并后退离开指定区域（图2-8）。

图2-8　循迹搬运机器人放置物体的动作控制

注意，利用这种条件进行判断，要让2个红外循迹传感器的间隔适当大于黑色路面的宽度，循迹搬运机器人抓取物体时的初始位置不能让2个红外循迹传感器的红外探头同时探测到黑色地面，即要摆正循迹搬运机器人的姿态。

"执行"缺口中的最后一个无限循环模块的作用，是让循迹搬运机器人停止在那里。

2.3 创意体验

1. 所需器材

（1）教学小车。

（2）红外循迹传感器 2 个。

（3）SG90 玩具舵机 1 个、金属舵机臂 1 个、舵机支架及螺丝 1 套。

（4）M3 × 30 mm 铜柱 2 根、M3 × 8 mm 螺丝 4 颗。

（5）跳线若干。

（6）积木：14 孔厚连杆 1 个、Z 形厚连杆 2 个、12 孔双折厚连杆 2 个、轴套 1 个、小滑轮 1 个、22 mm 十字棒 2 根、双接口 1 个、销子 2 个、长短半十字销 5 个。

2. 元器件安装

1）安装红外循迹传感器

用 M3 × 8 mm 螺丝将 2 个红外循迹传感器分别适当拧紧在 M3 × 30 mm 铜柱一端，如图 2 – 9 所示。

2）安装舵机

将舵机安装在教学小车前端中间的 2 个积木圆孔的位置。用 M3 × 8 mm 螺丝从舵机支架上方穿过圆孔，在下方与连接红外循迹传感器的铜柱的另一端连接，并适当拧紧螺丝，如图 2 – 9 所示。

图 2 – 9　红外循迹传感器、舵机安装示意

3）搭建循迹搬运机器人手臂

循迹搬运机器人手臂结构示意如图 2 – 10 所示。

3. 电路搭设

1）红外循迹传感器电路连接

（1）教学小车底部红外循迹传感器电路连接。

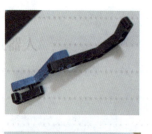

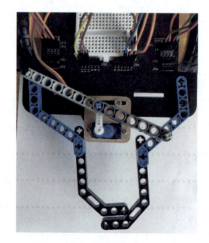

图 2 – 10　循迹搬运机器人手臂结构示意

　　将左红外循迹传感器的 3 个引脚连接教学小车底部的 JS8 引脚接口，即红外循迹传感器的引脚 GND、VCC、OUT 依次连接 JS8 的引脚 1、2、3；右红外循迹传感器的 3 个引脚连接教学小车底部的 JS7 引脚接口，即红外循迹传感器的引脚 GND、VCC、OUT 依次连接 JS7 的引脚 10、11、12。

　　（2）教学小车上部红外循迹传感器电路连接。

　　左红外循迹传感器的信号引脚 OUT 连接 Arduino 开发板的引脚 10，右红外循迹传感器的信号引脚 OUT 连接 Arduino 开发板的引脚 11。它们的电源引脚 VCC 分别与教学小车的电源引脚 VCC（JP3）、接地引脚 GND 在面包板上连接，再从面包板上连接到 Arduino 开发板的引脚 GND。

　　循迹搬运机器人红外循迹传感器连接示意如图 2 – 11 所示。

　　2）电源连接

　　将教学小车的电源引脚 VCC、接地引脚 GND 分别对应连接 Arduino 开发板的电源引脚 5 V、接地引脚 GND，如图 2 – 11 所示。

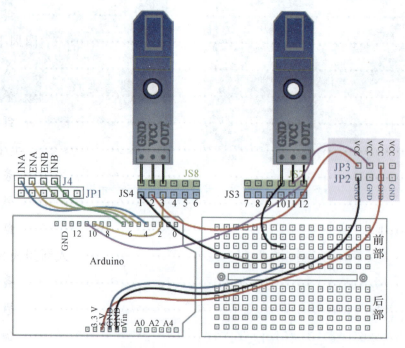

图 2 – 11　循迹搬运机器人红外循迹传感器连接示意

3）舵机电路连接

舵机信号线（黄色）连接 Arduino 开发板的引脚 2，电源线（中间红色）连接教学小车的电源引脚 VCC，接地线（褐色）连接 Arduino 开发板的引脚 GND，如图 2–12 所示。

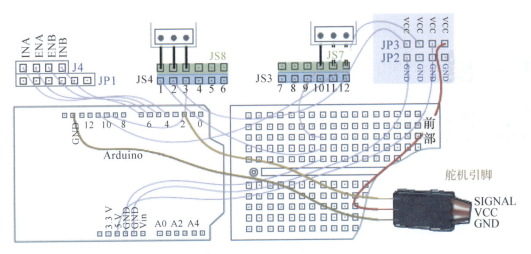

图 2–12　循迹搬运机器人舵机电路连接示意

4. 场地布置

循迹搬运机器人场地布置如图 2–1 所示。

5. 体验效果

上传程序 2–1，体验循迹搬运机器人循迹搬运的效果。

（1）体验前检查两个红外循迹传感器红外探头的间距，如果距离不合适则要进行调整，即向两外侧适当旋转两个红外探头。

（2）用一个空矿泉水瓶作被搬运的物体，待循迹搬运机器人的手臂张开后将瓶子放在手臂中间，如图 2–13 所示。

（3）体验时，根据实际情况调整或修改程序 2–1 中的各种相关参数，直到效果满意为止。

图 2–13　循迹搬运机器人搬运物体初始状态示意

课后制作

1. **制作名称**

【课后制作 2 – 1】 日出而作。

2. **制作任务**

制作一个日出而作，日落而息的机器人。

用 1 个红外循迹传感器探测白色物体与黑色物体。白色物体表示白天，黑色物体表示夜晚。

用舵机驱动一件劳动工具，如工人叔叔的锤子、农民伯伯的镰刀或其他工具。当红外循迹传感器探测白色物体时表示到了白天，机器人开始劳动；当红外循迹传感器探测黑色物体时表示到了夜晚，机器人开始休息。

舵机不一定安装在教学小车上，也可以单独搭建，只要将舵机的引脚连接到 Arduino 开发板即可。

第3课

灰度循迹机器人

3.1 项目要点

3.1.1 项目任务

【项目3-1】 制作一个灰度循迹机器人。

灰度循迹机器人用2个灰度循迹传感器循迹。灰度循迹机器人在2个蓝色区域之间，沿着白色地面上的黑色路面行驶，如图3-1所示。

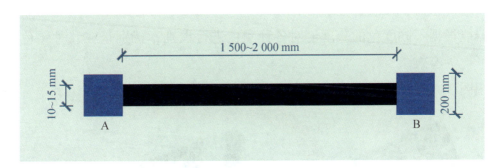

图3-1 灰度循迹机器人场地布置示意

灰度循迹机器人行驶到蓝色区域时顺时针方向转弯，直到左侧灰度传感器检测到黑色路面时，灰度循迹机器人又沿着路面行驶，行驶到路面另一端的蓝色区域时重复上一个运动过程，如图3-2所示。

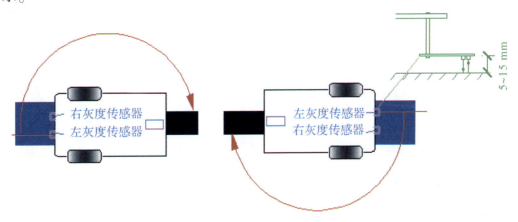

图3-2 灰度循迹机器人转弯示意

2 个灰度传感器安装在教学小车头部的中间位置，相距 20～25 mm，让黑色路面位于两个灰度传感器中间，灰度传感器探头离地面高度可以为 5～15 mm，如图 3－2 所示。

3.1.2 巩固提高

（1）进一步理解与掌握灰度传感器的工作原理与电路搭设。

（2）在灰度循迹机器人信息处理过程中进一步熟悉模拟信号的读/写。

（3）进一步加深对循环结构程序的理解与运用，灵活运用循环结构程序解决项目中的实际问题。

3.1.3 知识拓展

【灰度传感器】

灰度传感器可以用来检测不同颜色物体的灰度，它能否用作机器人循迹的传感器呢？当然可以，而且在识别物体颜色的种类方面，它比红外循迹传感器还有优势。

例如在机器人竞赛中，机器人往往要识别地面上的黑色、白色、蓝色或项目规定的其他颜色。这时红外循迹传感器就无法胜任了。

灰度传感器能根据不同颜色的灰度值对各种颜色进行识别，特别是在几种颜色的灰度值相差比较大的情况下更为有效。

本项目使用图 3－3 所示的灰度传感器。

图 3－3 灰度传感器实物

在图 3－3 所示的灰度传感器中，白色灯管为高亮白色聚光 LED 发光源，黑色灯管为 LED 反射光接收管。

灰度传感器的工作参数及引脚如下。

探测距离：2～30 mm；

工作电压：5 V；

引脚 OUT：模拟信号引脚；

引脚 5：电源正极 5 V；

引脚 GND：电源地。

3.2 编写程序

【**程序 3-1**】 灰度循迹机器人。

1. 编程思路

（1）当左、右两侧的灰度传感器同时检测到白色地面时，灰度循迹机器人向前行驶。

（2）当左灰度传感器检测到黑色路面时，说明灰度循迹机器人已经右偏，这时灰度循迹机器人左转修正方向。

（3）当右灰度传感器检测到黑色路面时，说明灰度循迹机器人已经左偏，这时灰度循迹机器人右转修正方向。

（4）当左灰度传感器或右灰度传感器检测到蓝色区域时，灰度循迹机器人顺时针旋转直到左灰度传感器检测到黑色路面为止，然后灰度循迹机器人开始执行下一次循迹。

2. 程序流程图

程序 3-1 流程图如图 3-4 所示。

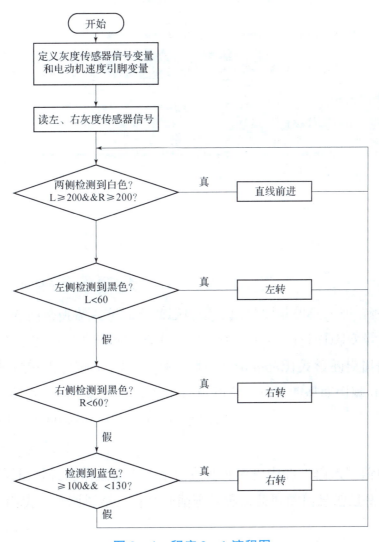

图 3-4　程序 3-1 流程图

3. 构建程序模块

构建程序模块之前，可以先通过 Arduino 串口监视器测验用于灰度循迹机器人循迹的黑色、白色与蓝色物体的灰度值，也可以在项目体验时进行测定。这里先给出如下参考数据。

白色物体的灰度值：>=200；

蓝色物体的灰度值：>=110&& <130；

黑色物体的灰度值：<60。

程序 3 -1 模块构建示意如图 3 -5 所示。

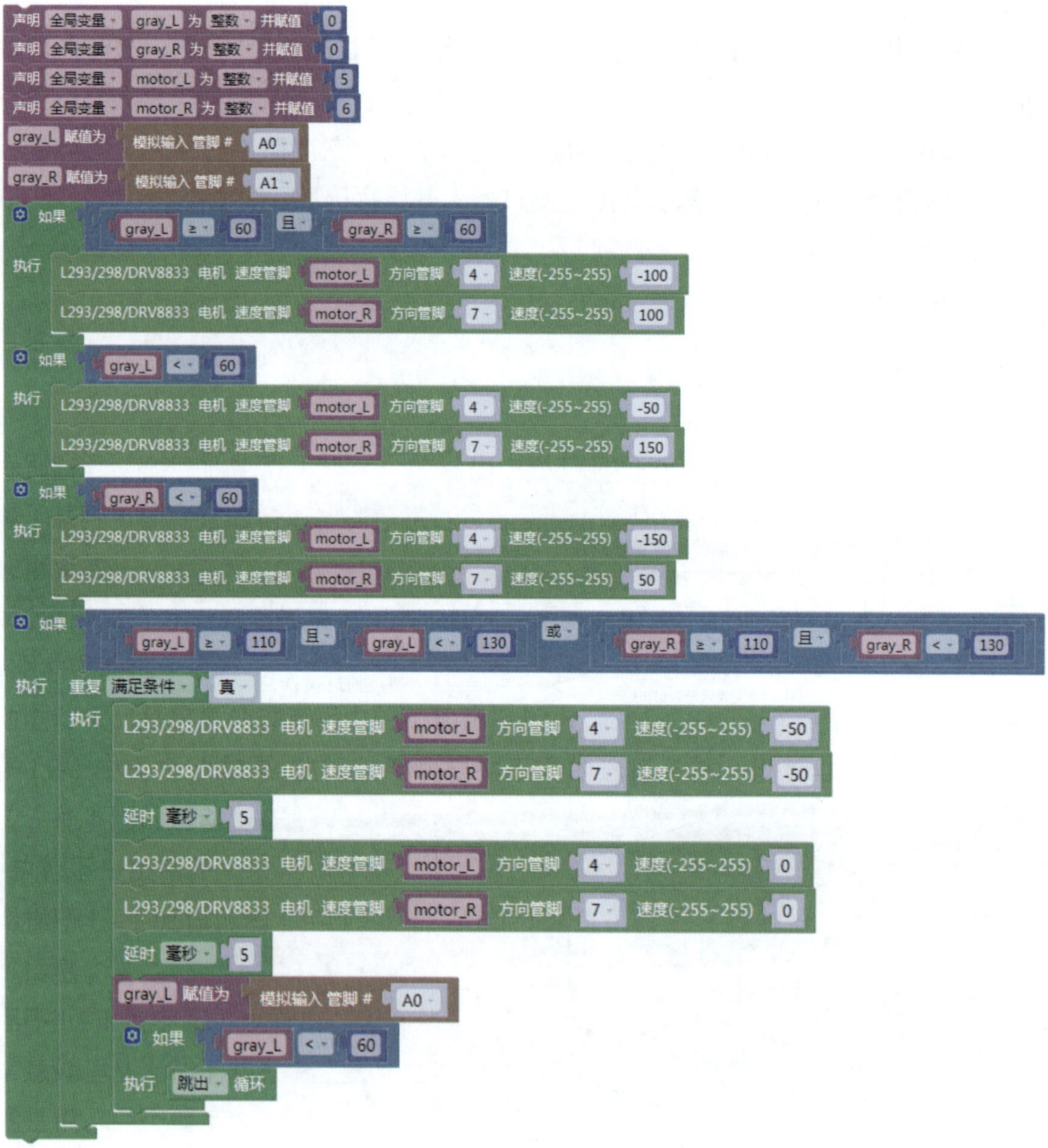

图 3 -5　程序 3 -1 模块构建示意

4. 程序注解

1）声明变量

程序 2 -1 模块的首部为变量的声明与定义。

gray_L、gray_R 分别为左侧与右侧灰度传感器的信号变量。定义左灰度传感器 gray_L 的引脚为 A0，右灰度传感器 gray_R 的引脚为 A1。

motor_L、motor_R 分别为灰度循迹机器人左电动机与右电动机引脚变量。定义左电动机引脚为 Arduino 开发板的模拟输出引脚 5，右电动机引脚为 Arduino 开发板的模拟输出引脚 6（图 3–6）。

图 3–6　定义左、右电动机引脚变量

2）读灰度传感器信号

用"模拟输出"模块分别读灰度传感器的模拟信号。

3）处理灰度传感器信号

用"如果/执行"条件选择模块对读取的信号进行处理。

根据程序要求，共有 4 种条件选择的处理类型，如下所示。

（1）左灰度传感器与右灰度传感器的灰度值同时 >=60 时，说明黑色路面在 2 个灰度传感器的正中间，灰度循迹机器人向前行驶（图 3–7）。

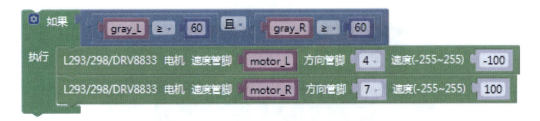

图 3–7　处理灰度传感器信号（1）

（2）左灰度传感器的灰度值 <60，右灰度传感器 >=60 时，灰度循迹机器人左转。

（3）右灰度传感器的灰度值 <60，左灰度传感器 >=60 时，灰度循迹机器人右转。

（4）当左灰度传感器或右灰度传感器检测到蓝色区域时，它的灰度值 >=110 且 <130（图 3–8）。

图 3–8　处理灰度传感器信号（2）

这时要在"如果/执行"模块的缺口中构建一个无限循环结构模块，等待灰度循迹机器人的左灰度传感器慢慢转到黑色路面处。

转弯时灰度循迹机器人的左轮向前转，右轮向后转。这样，灰度循迹机器人的运动姿态大体上绕两个轮轴的中点转动。两个电动机做间歇性的低速运动，直到左灰度传感器检测到黑色路面。

循环体中的"模拟输入"模块每循环一次就读一次左灰度传感器引脚 A0 的信号，并用"如果/执行"模块判断是否检测到黑色路面。如果检测到黑色路面则跳出循环，灰度循迹机器人继续循环，小车也继续右转。

3.3 创意体验

1. 所需器材

（1）教学小车；

（2）灰度传感器 2 个；

（3）M3×30 min 空心铜柱 2 根、M3×8 mm 螺丝 4 颗；

（4）跳线若干。

2. 元器件安装

先将灰度传感器固定在空心铜柱的一端，适当用力拧紧螺丝，然后另一端固定在教学小车头部，如图 3-9 所示。

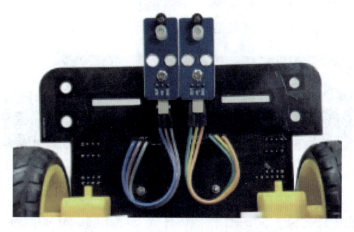

图 3-9 灰度传感器安装示意

3. 电路搭设

1）灰度传感器电路连接

将左、右 2 个灰度传感器分别用 10 cm 跳线连接到教学小车前端底部的 JS8、JS7 引脚接口。左灰度传感器的引脚 G、V、S 依次连接 JS8 的引脚 4、5、6；右灰度传感器的引脚 G、V、S 依次连接 JS7 的引脚 7、8、9，如图 3-10 所示。

在教学小车前端上部的 JS4、JS3 引脚接口上，分别将左灰度传感器的信号引脚 S（6）及右灰度传感器的信号引脚 S（9）依次连接 Arduino 开发板的模拟输入引脚 A0、A1。它们的电源引脚 V 连接教学小车的电源引脚 VCC，电源地引脚 G 连接 Arduino 开发板的引脚 GND，如图 3-10 所示。

2）连接电源

将教学小车的电源引脚 VCC、接地引脚 GND 连接到 Arduino 开发板的电源引脚 5 V、接地引脚 GND，如图 3 – 10 所示。

3）电动机驱动电路连接

从教学小车左前部的 J4 引脚接口上，左电动机控制引脚 INA、ENA 依次连接 Arduino 开发板的引脚 4、5；右电动机控制引脚 ENB、ENA 依次连接 Arduino 开发板的引脚 6、7，如图 3 – 10 所示。

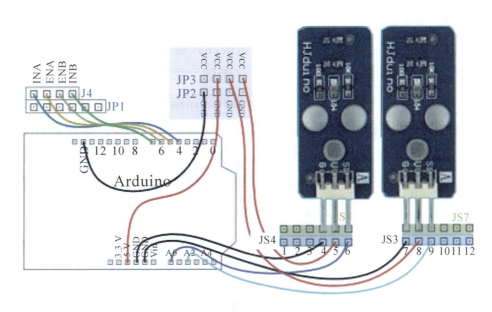

图 3 – 10　程序 3 – 1 电路搭设示意

4. 场地布置

灰度循迹机器人场地布置参照图 3 – 1。路面不一定是直线，也可以是不规则的曲线。不过曲线的弧度要适当大一点，如图 3 – 11 所示。

图 3 – 11　曲线路面示意

5. 体验效果

上传程序 3 – 1，体验灰度循迹机器人的循迹效果。

（1）将灰度循迹机器人放置在黑色路面上，然后打开电源开关，灰度循迹机器人会沿着路面行驶。当灰度循迹机器人行驶到蓝色区域时顺时针方向旋转，转到路面上时继续沿着路面向下一个蓝色区域驶去。

（2）体验效果时，各种标识（如黑色路面）的灰度值与程序设计时所检测的灰度值要一致，自然光线的强度也不要有太大的变化。

（3）注意根据场地的环境和教学小车电动机的性能对程序进行调试。

課后制作

1. 制作名称

【课后制作 3 –1】 巡逻机器人。

2. 制作任务

用灰度传感器制作一个巡逻机器人。

将一张 2 开的蓝色或红色纸剪成一个圆，铺贴在白色或接近白色的地面上，让巡逻机器人沿着这个圆"巡逻"。巡逻机器人的 2 个前轮 1 个在圆内，1 个在圆外（图 3 –12）。

图 3 –12　课后制作 3 –1 场地布置示意

第4课

不迷路的机器人

4.1 项目要点

4.1.1 项目任务

【项目4-1】 制作一个不迷路的机器人。

不迷路的机器人行驶到岔路口后自己识别路标，按照路标指示的方向行驶。不迷路的机器人场地布置示意如图4-1所示。

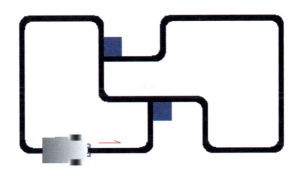

图4-1 不迷路的机器人场地布置示意

机器人用两个红外循迹传感器识别路面，用一个灰度传感器识别路标。当灰度传感器检测到蓝色方块时，机器人向右转。灰度传感器位置与机器人右转示意如图4-2所示。

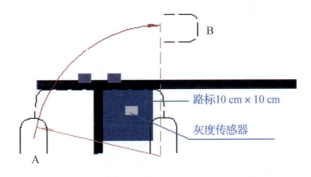

图4-2 灰度传感器位置与机器人右转示意

在图4-2中，蓝色路标为一个10 cm×10 cm的正方形，转弯路径为左轮以右轮为圆心的一段圆弧。

4.1.2　巩固提高

（1）通过项目制作与体验，掌握红外循迹传感器和灰度传感器各自的优势与特点。

（2）加深对物体运动速度与运动控制之间关系的认识，比如在项目体验中，不迷路的机器人的运动速度对运动姿态（转弯）控制的影响。

（3）熟悉函数定义与函数调用的方法。

4.1.3　知识拓展

【多路循迹】

多路循迹指循迹机器人在道路上行驶的时候，同时使用多个传感器探测路面信息。例如使用1个传感器循迹叫作1路循迹，使用3个传感器循迹叫作3路循迹。不妨把2个以上的传感器循迹统称为多路循迹。

与本书在项目制作中使用的2路循迹相比，多路循迹能够检测到更多道路信息，从而根据这些信息可以更好地控制机器人的运动姿态。例如机器人走直线、S线或转弯时可以表现出很好的平稳性和很高的行驶速度。

多路循迹中传感器的布局有各种形式，如单排、双排和Λ形等，如图4-3所示。

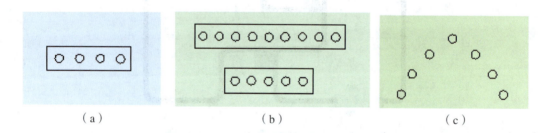

（a）　　　　　　　　　（b）　　　　　　　　　（c）

图4-3　多路循迹中传感器布局示意
（a）单排；（b）双排；（c）Λ形

多路循迹虽然能检测到更多道路信息，循迹效果好，但是它的程序设计也复杂很多。现在只需要对它有一个认识和了解即可，在项目体验时如果发现机器人"不听话"而总是偏离道路，不要感到奇怪，应认真地反复进行调试。

4.2　编写程序

【程序4-1】　不迷路的机器人。

1. 编程思路

用2路红外循迹传感器检测路面，用1路灰度传感器检测路标。

（1）定义一个驱动机器人电动机的函数。

（2）当左、右两侧的红外循迹传感器同时检测到白色地面时，机器人向前行驶。

（3）当左红外循迹传感器检测到黑色路面时，机器人左转。

（4）当右红外循迹传感器检测到黑色路面时，机器人右转。

（5）当灰度传感器检测到蓝色路标时，说明到达岔路口，机器人选择右转行驶。

2. 程序流程图

程序 4-1 流程图如图 4-4 所示。

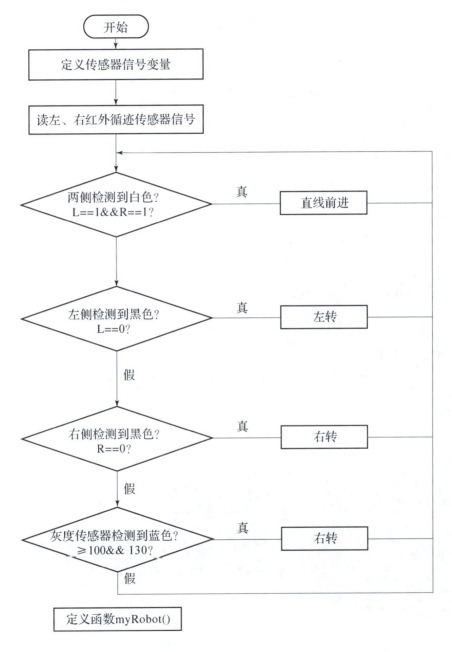

图 4-4　程序 4-1 流程图

3. 构建程序模块

程序 4-1 模块构建示意如图 4-5 所示。

图 4-5　程序 4-1 模块构建示意

4.程序注解

1）定义函数

移动机器人的一个特点是需要反复驱动车轮电动机，用自定义函数实现这一功能可使程序编写变得简单方便。

主程序上方定义了一个 myRobot( )有参函数。定义左电动机速度引脚为5，方向引脚为4，电动机速度变量为 speed_L；定义右电动机速度引脚为6，方向引脚为7，电动机速度变量为 speed_R（图4－6）。

图4－6　定义函数

2）声明主程序变量

主程序首部声明了灰度传感器信号变量 Gray_B、左红外传感器变量 sensor_L 和右红外传感器信号变量 sensor_R。

3）读传感器信号

接下来程序依次读红外循迹传感器和灰度传感器信号，3个传感器的引脚依次为10、11、A0（图4－7）。

图4－7　读传感器信号

4）处理传感器信号

用"如果/执行"条件选择模块对读取的信号进行处理。

（1）处理红外循迹传感器信号。程序4－1中共分3种信息组合情况，对红外循迹传感器信号进行处理。用函数调用模块调用 myRobot( )函数驱动电动机，并输入不同情况下的电动机速度参数，如第一种情况下的函数调用如图4－8所示。

图4－8　处理红外循迹传感器信号

（2）处理灰度传感器信号。

程序4－1最后的"如果/执行"模块中用一个无限循环模块处理灰度传感器信号，处理条件是 gray_B >= 100&&gray_B < 130（图4－9）。

图4－9　处理灰度传感器信号

灰度传感器检测到蓝色路标后怎么控制机器人右转，并使其继续沿着黑色路面行驶呢？

这时要根据机器人的实际运动轨迹进行分析，然后给出正确的控制指令，当然也要调试出合适的运动速度（图4－10）。

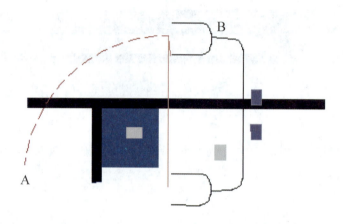

图4－10　路标处机器人转弯示意

如图4－11所示，无限循环结构模块控制机器人小车要旋转到达的位置，即左红外循迹传感器要检测到黑色路面，右红外循迹传感器要检测到白色地面，然后跳出循环，这样机器人才能继续循迹。因此，在循环结构模块中每循环一次就读取一次左、右红外循迹传感器的信号，并对信号进行处理。

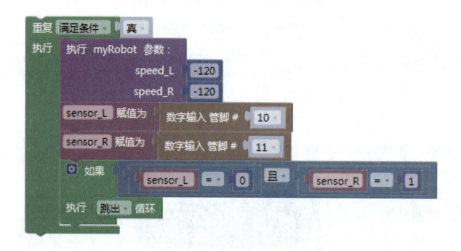

图4－11　无限循环结构模块

4.3　创意体验

1. 所需器材

（1）教学小车；

（2）红外循迹传感器2个；

（3）HJduino灰度传感器1个；

（4）M3×30 mm 空心铜柱 3 根、M3×8 mm 螺丝 6 颗；

（5）跳线若干。

2. 元器件安装

1）安装红外循迹传感器

用 2 根 M3×35 mm 铜柱和 M3×8 mm 螺丝分别将 2 个红外循迹传感器固定在教学小车头部中间的 2 个积木孔上，如图 4－12 所示。

2）安装灰度传感器

用 M3×30 mm 铜柱和 M3×8 mm 螺丝将灰度传感器固定在教学小车右前方的长方形孔的最右端，如图 4－12 所示。

图 4－12　传感器安装示意

3. 电路搭设

1）红外循迹传感器电路连接

将左、右 2 个红外循迹传感器分别用 10 cm 跳线连接到教学小车前端底部的 JS8、JS7 引脚接口。左红外循迹传感器引脚 GND、VCC、OUT 依次连接 JS8 的引脚 1、2、3；右红外循迹传感器引脚 GND、VCC、OUT 依次连接 JS7 的引脚 10、11、12，如图 4－13 所示。

在教学小车前端上部的 JS4、JS3 引脚接口上，分别将左红外循迹传感器的信号引脚 OUT（3）及右红外循迹传感器的信号引脚 OUT（12）依次连接 Arduino 开发板的模拟输入引脚 10、11。它们的电源引脚 VCC 连接教学小车的电源引脚 VCC，电源地引脚 GND 先连接到面包板上，再从面包板连接 Arduino 的引脚 GND，如图 4－13 所示。

2）连接灰度传感器

如果灰度传感器配有引脚线，则将引脚线从右前方长方形孔下方穿过来，分别将它的信号线（黄色）、电源线（红色）、接地线（黑色）连接 Arduino 开发板的引脚 A0、小车电源引脚 VCC、Arduino 开发板的引脚 GND，如图 4－13 所示。

如果灰度传感器没有配引脚线或配的引脚线损坏，可以将它的引脚连接到引脚 JS1/JS2 上。

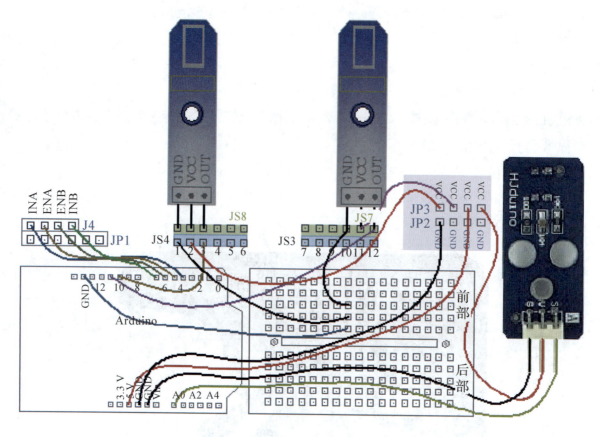

图 4 – 13　程序 4 – 1 电路搭设示意

3）连接电源

将教学小车电源引脚 VCC、接地引脚 GND 连接到 Arduino 开发板的电源引脚 5 V、接地引脚 GND，如图 4 – 13 所示。

4）电动机驱动电路连接

从教学小车左前部 J4 引脚接口上，左电动机控制引脚 INA、ENA 依次连接 Arduino 开发板的引脚 4、5；右电动机控制引脚 ENB、ENA 依次连接 Arduino 开发板的引脚 6、7，如图 4 – 13 所示。

4. 场地布置

（1）场地布置方案如图 4 – 1 所示，转弯处的圆弧段要适当长一些。

（2）场地大小视实际情况而定，以长 × 宽 = 2.5 m × 1.5 m 为宜。

5. 体验效果

上传程序 4 – 1，体验不迷路的机器人的运动效果。

（1）将机器人放置在黑色路面上，然后打开电源开关，机器人会沿着路面行驶。当机器人行驶到岔路口时顺时针方向转弯，然后继续行驶。

（2）体验效果前，要用灰度传感器通过串口监视器测定蓝色路标的灰度值，体验时对教学小车电动机的速度设置进行反复调试。

课后制作

1. 制作名称

【课后制作 4 – 1】 不迷路的机器人（2）。

2. 制作任务

参考程序 4 – 1 并修改其中的相关部分，将路标放置在岔路口，即图 4 – 14 所示的位置，制作一个不迷路的机器人，当机器人遇到路标时向左转。

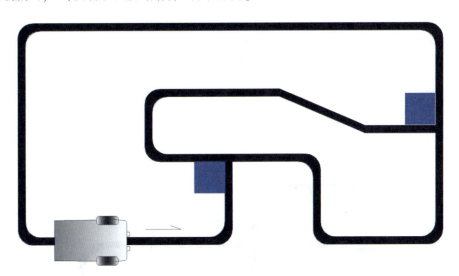

图 4 – 14 课后制作 4 – 1 场地布置示意

第5课

快递机器人

5.1 项目要点

5.1.1 项目任务

【**项目 5 – 1**】 制作一个快递机器人。

快递机器人从 A 处出发，依次将货物送给客户 1、客户 2 和客户 3，每到一处快递机器人便发出提示声音，表示货已送到，如图 5 – 1 所示。

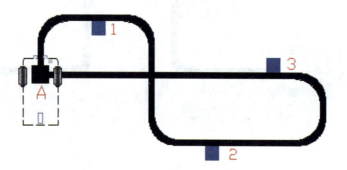

图 5 – 1 快递机器人路线示意

快递机器人用左、右 2 个红外循迹传感器循迹，用 1 个灰度传感器探测送货地点。当到达送货地点后快递机器人停顿一会儿，蜂鸣器鸣叫 3 次，最后快递机器人回到 A 处并停下来，如图 5 – 2 所示。

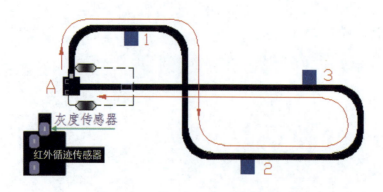

图 5 – 2 快递机器人行驶方向示意

在图 5-2 中，A 处（起点/终点）为 15×15 的黑色方块。图中左下角为 A 处的放大示意图，表示快递机器人回到 A 处时要保证红外循迹传感器和灰度传感器能够同时探测到黑色。客户 1~3 为 10×10 的蓝色方块。

5.1.2　巩固提高

（1）加深对 switch 选择结构的认识和理解，掌握 switch 结构的编程方法。

（2）了解与熟悉多传感器信息应用的基本知识和具体应用。

在实际应用中，往往依靠单一的信息渠道是不能解决问题的。例如制作一个快递机器人，它既要识别送货路线，又要识别送货地点，这就需要使用多传感器获取不同方面的信息。

5.1.3　知识拓展

【分拣机器人】

为了提高劳动效率，降低生产成本，用机器人代替人力去做一些重复性的高强度的工作是现代机器人研究的一个重要方向。分拣机器人在这一领域有着重要的应用。

分拣机器人是一种具备传感器、物镜和电子光学系统的机器人，可以快速进行货物分拣。

自动分拣搬运机器人，包括控制核心模块、电源模块、编码器脉冲计数器、超声波红外测距模块、颜色检测传感器、人体红外检测传感器、电动机驱动模块、步进电动机、舵机和机械手。

可以看出，自动分拣搬运机器人的感受系统具有多种不同用途的传感器。其中，编码器脉冲计数器用于检测电动机的转速，超声波红外测距模块用于定位，颜色检测传感器用于分辨物体，人体红外检测传感器用于检测人体信号。

分拣机器人正在得到广泛应用。例如，西红柿分拣机器人每小时可以分拣上千个西红柿；苹果分拣机器人每分钟可分拣 500 多个苹果，并将苹果根据颜色、光泽、大小分类后送入不同规格的容器。

5.2　编写程序

【程序 5-1】　快递机器人。

1.编程思路

（1）定义一个驱动快递机器人电动机的函数。

（2）用左、右 2 个红外循迹传感器检测道路信息。根据检测信号调整快递机器人的运动姿态。

（3）用 1 个灰度传感器检测客户位置。如果检测到客户位置信息（蓝色），则快递机器人停下来并使蜂鸣器鸣叫。

（4）用 2 个红外循迹传感器和灰度传感器同时检测快递机器人是否回到出发地点（A），如果检测信号为真则停车。

程序 4－1 流程图如图 5－3 所示。流程图右边的处理框为调用函数 myRobot_M( )。

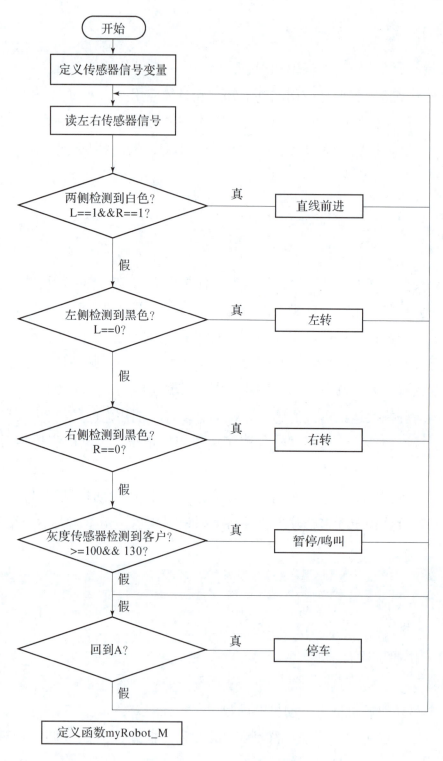

图 5－3 程序 4－1 流程图

程序 5－1 模块构建示意如图 5－4 所示。

（a）

图 5 - 4　程序 5 - 1 模块构建示意

（a）主程序模块

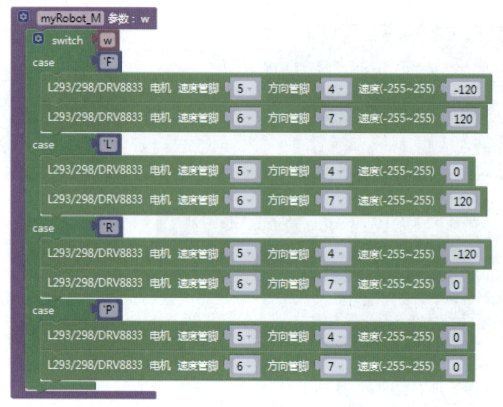

（b）

图 5－4 程序 5－1 模块构建示意（续）

（b）函数模块

4．程序注解

1）定义函数

图 5－4 的下方定义了一个驱动电动机的有参函数 myRobot_M（），函数体中为一个 switch 选择结构。case 常量为字符数据'F'、'L'、'R'、'P'，分别表示前进、左转、右转、停车，并设置相应的电动机速度。

调用 myRobot_M（）函数时不再需要传递速度参数，只需要传递表示快递机器人运动姿态的参数即可。

2）声明变量

在程序 5－1 首部声明了用于使蜂鸣器鸣叫的循环变量 i、灰度传感器信号变量 gray_B、红外循迹传感器信号变量 sensor_L 和 sensor_R、自定义函数参数变量 W。

3）读传感器信号

构建读传感器信号模块，并定义传感器引脚（图 5－5）。

图 5－5 读传感器信号

4）处理传感器信号

（1）处理红外循迹传感器信号。

根据红外循迹传感器对路面的检测信息，程序5-1中用3个"如果/执行"条件选择模块对检测信号进行处理，并调用函数 myRobot_M( )。

快递机器人前行时，函数调用的参数为'F'，左转为'L'，右转为'R'（图5-6）。

图5-6　函数调用的参数

（2）处理灰度传感器信号。

用"如果/执行"模块选择条件 gray_B >= 100&&gray_B < 130（图5-7）。

图5-7　处理灰度传感器信号

当条件满足时，调用函数 myRobot_M( )，参数为'P'，让快递机器人停一会儿，然后用一个"使用/执行"循环模块控制蜂鸣器鸣叫3次。

注意，定义灰度传感器的值区间时适当放大一点。如实际测试若为112~118，可以定义区间为100~130。

（3）处理停车控制信息。

当快递机器人返回到A处时，根据场地设置条件，红外循迹传感器与灰度传感器的信号分别如图5-8所示。

图5-8　快递机器人返回 A 处时传感器的信号

这时，调用函数停止电动机，并用一个无限空循环模块将程序永远停止在这里。

5.3　创意体验

1. 所需器材

（1）教学小车；

（2）红外循迹传感器2个；

（3）HJduino 灰度传感器1个；

（4）蜂鸣器1个；

（5）M3 × 30 mm 空心铜柱 3 根、M3 × 8 mm 螺丝 6 颗；

（6）跳线若干。

2. 元器件安装

安装红外循迹传感器与灰度传感器的方法见第 4 课"不迷路的机器人"的图 4 – 12。

3. 电路搭设

（1）红外循迹传感器、灰度传感器、电动机驱动及电源电路搭设见第 4 课"不迷路的机器人"的图 4 – 13。

（2）蜂鸣器连接。

将蜂鸣器插在面包板上，长引脚连接 Arduino 开发板的引脚 2，短引脚在面包板上与红外循迹传感器的接地引脚连接，如图 5 – 9 所示。

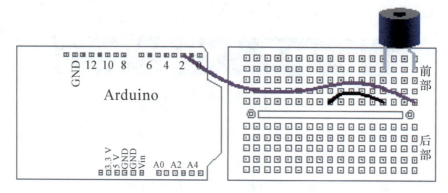

图 5 – 9　程序 5 – 1 蜂鸣器连接示意

4. 场地布置

（1）场地布置如图 5 – 1 所示，长 × 宽可为 2.5 m × 1.5 m 左右。

（2）A 处的黑色方块边长为 15 cm 左右，具体尺寸大小应以满足实际需要为准。

如图 5 – 10 所示，教学小车返回 A 处时车头可能偏左，也可能偏右，因此要让 3 个传感器同时检测到黑色方框，必须要留有余地。

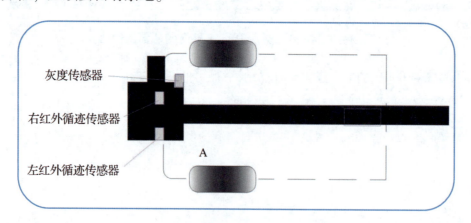

图 5 – 10　教学小车终点运动姿态示意

5. 体验效果

上传程序 5 – 1，体验快递机器人的效果。

（1）将快递机器人按图 5 - 1 所示的位置与方向放置在场地上，打开电源开关后快递机器人按照图 5 - 2 所示的路线行驶。每到达一个客户位置，快递机器人停下来使蜂鸣器鸣叫，最后停在终点 A 处。

（2）如果达不到设计效果，要注意认真分析与检查。

①由于自然光线对灰度传感器的信号有一定的影响，所以体验效果时要将灰度传感器的值域设置得宽一点。如果快递机器人在客户位置不停车，则要注意检查实际灰度值是否发生变化。

②在终点 A 处如果快递机器人不停止，则要检查 3 个传感器是否能同时检测到黑色方块。

③检查程序输入是否有错误。

课后制作

1. 制作名称

【课后制作 5 - 1】 快递机器人（2）。

2. 制作任务

将程序 5 - 1 中客户 1 的标识颜色改为红色，其他不变，如图 5 - 11 所示。适当修改程序 5 - 1 后制作一个快递机器人，让它在客户 1 处使蜂鸣器鸣叫 5 次。

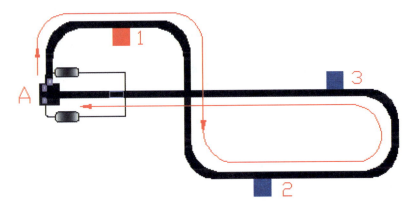

图 5 - 11　课后制作 5 - 1 场地布置示意

第 2 单元
避障机器人

- Mixly Arduino C 程序训练
- 认识超声波传感器
- 超声波避障机器人

第6课

距离有多远

6.1 项目要点

6.1.1 项目任务

【项目6-1】 距离有多远。

用超声波传感器测量物体的距离，并将距离用语音模块播报出来，如图6-1所示。

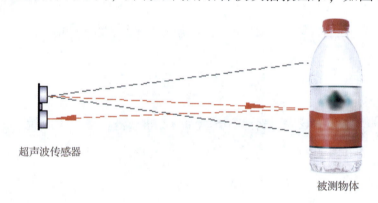

超声波传感器

被测物体

图6-1 超声波测距示意

6.1.2 巩固提高

（1）信息处理中的数据计算。有些传感器获取的信息只有经过处理后才能使用。例如用超声波传感器测距时输出的是时间信息，而人们需要的是距离信息，因此需要根据时间计算距离。

（2）数的分解。例如分解出一个数的个位、十位或百位上的数字。

（3）语音播放。熟练掌握68段语音模块的使用方法。

6.1.3 知识拓展

【超声波传感器】

超声波传感器是一种通过发射超声波探测物体的传感器。本书课程中使用的超声波传感器如图6-2所示。

图 6 – 2　HC – SRO4 超声波传感器

1. 超声波传感器测距

超声波传感器有一个超声波发射器和一个超声波接收器。超声波发射器探头向前方发射一束超声波，这束超声波遇到前方障碍物后反射回来，超声波接收器接收反射回来的超声波，然后输出这束超声波往返的时间 t，如图 6 – 3 所示。

0　（开始发射时间）

发射

返回

障碍物

t　（返回时间）

图 6 – 3　超声波在空气中传播的时间示意

超声波在空气中的传播速度为 $v = 340$ m/s。"超声波测距"模块根据超声波传播的速度和时间就能计算出超声波传感器与障碍物之间的距离，即 $s = v \times t$。

2. 超声波传感器的工作参数与引脚功能

1）工作参数

工作电压：$3 \sim 5.5$ V；

感应角度：小于 $15°$；

探测距离：$2 \sim 450$ cm。

2）引脚

VCC：电源 5 V；

GND：电源地；

Trig：发射单元引脚；

Echo：接收单元引脚。

3. 距离测算

距离测算用"超声波测距"模块。"超声波测距"模块在模块区的"传感器"分类中（图 6 – 4）。

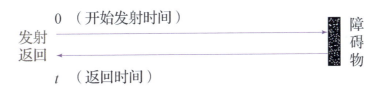

图 6 – 4　"超声波测距"模块

"超声波测距"模块的功能是让 Arduino 微控制器获取超声波的往返时间，然后计算超声波传感器与物体之间距离。距离的单位为厘米（cm）。

"超声波测距"模块中的 Trig#为超声波传感器发射引脚号，Echo#为超声波传感器接收引脚号。

4. 函数的嵌套调用

语音播报距离会使程序变得比较复杂。为了让程序简明易懂，这里简单了解函数嵌套调用的方法。

所谓函数嵌套调用，就是在一个自定义函数中调用另一个自定义函数。

例如有两个自定义函数 F1( )、F2( )，在自定义函数 F1( )中调用自定义函数 F2( )，如图 6 – 5 所示。

在图 6 – 5 中，函数 F2( )像被套在函数 F1( )中，形成一种嵌套。

当函数 F1( )执行完条件判断模块后，在"执行"缺口中调用函数 F2( )，并执行函数 F2( )中的所有模块，然后回到函数 F1( )中接着执行下面的"语音模块"指令。

函数 F1( )和 F2( )也可以被其他函数或主函数（主程序）调用。

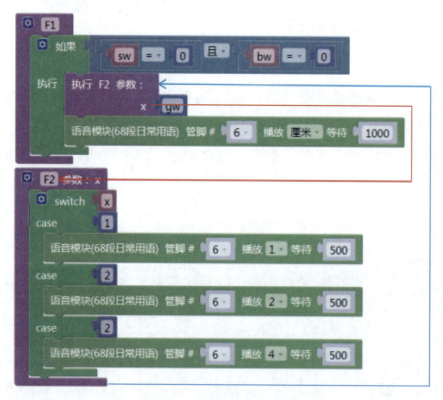

图 6 – 5　函数嵌套调用示意

6.2　编写程序

【程序 6 – 1】　距离有多远。

1）定义函数。

定义两个函数，即有参函数 gsb_F1() 和无参函数 gsb_F2()。

gsb_F1() 用于播报数字 0~9 的语音，函数体用 switch 结构控制语音播放；gsb_F2() 负责调用 gsb_F1()。

2）构建主程序。

（1）声明并定义变量，用"超声波测距"模块测算距离，然后对测得的距离分解出各数位上的数字。

（2）在主程序中调用语音播放函数 gsb_F2()。

2. 程序流程图

程序 6-1 流程图如图 6-6 所示。

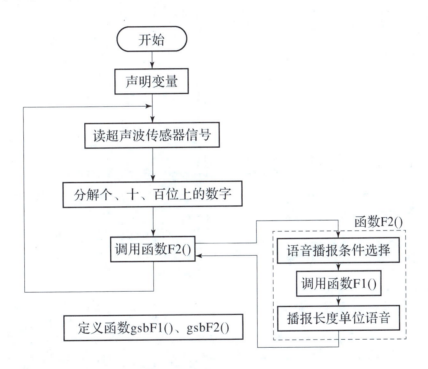

图 6-6　程序 6-1 流程图

3. 构建程序模块

程序 6-1 模块构建示意如图 6-7 所示。

4. 程序注解

1）主程序

语音播报功能用自定义函数实现后，主程序显得非常简单，而且任务明确。

（1）声明变量。c 为超声波传感器测距变量，传感器引脚采用默认值：Trig 引脚 2、Echo 引脚 3。c 的个位、十位、百位数变量依次为 gw、sw、bw。

（2）读超声波传感器信号。

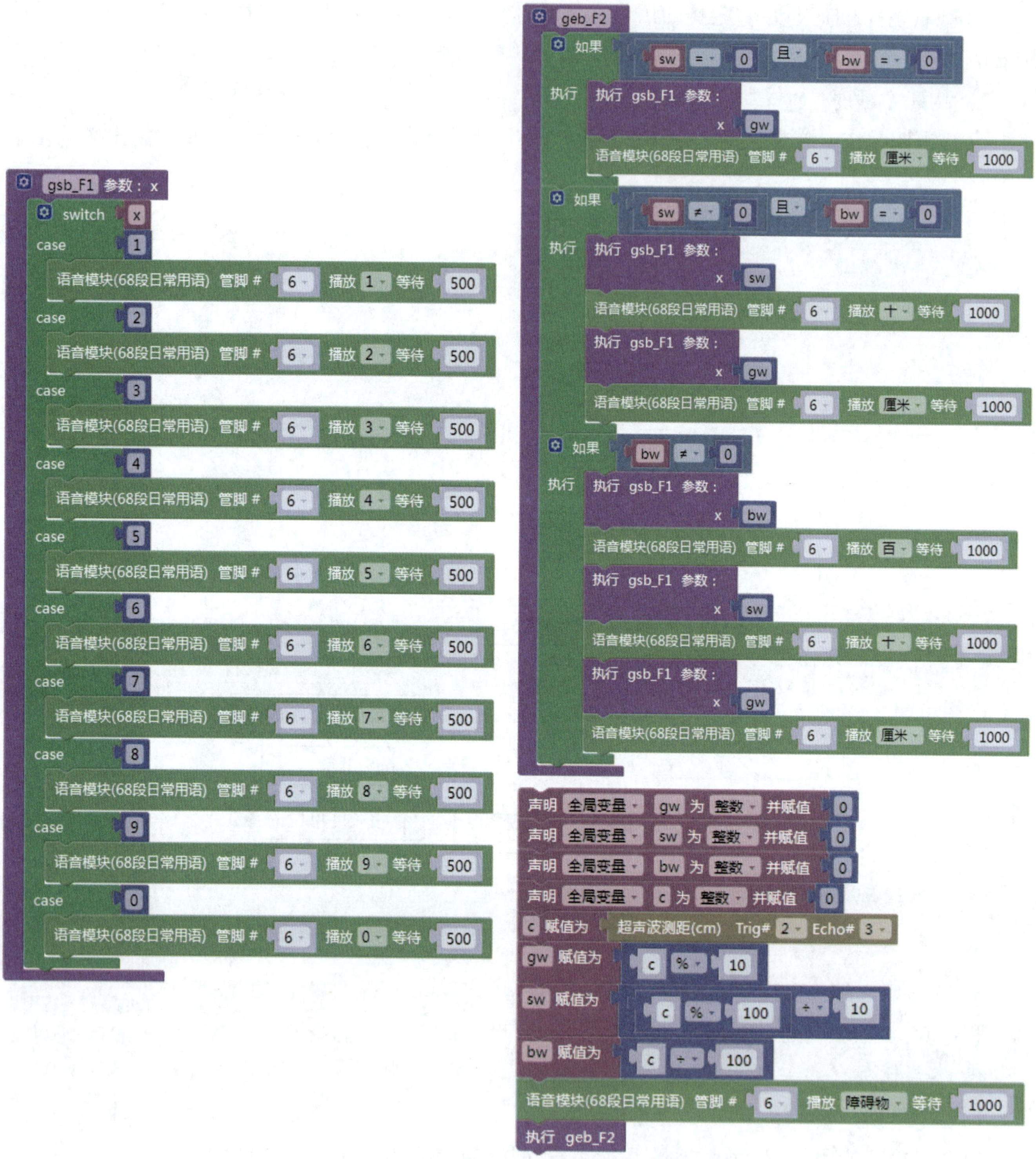

图 6 –7　程序 6 –1 模块构建示意

（3）分解 c 的个位、十位和百位上的数。已知超声波传感器可探测的距离为 2～450 cm，c 的最大值是一个 3 位数，因此程序中按 3 位数进行分解（图 6－8）。

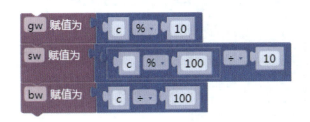

图 6－8　分解 c 的各数位上的数字

（4）调用函数 gsb_F2( )，实现语音播报功能。

2）函数 gsb_F1( )

函数 gsb_F1( ) 的定义方法本书已经多次运用，同学们应该很熟悉了。它的主要功能是根据 gsb_F1( ) 传递的各数位上的数字，播放相应的语音。

3）函数 gsb_F2( )

函数 gsb_F2( ) 的主要功能是将分解后的各数位上的数作为实参传递给函数 gsb_F1( )，并调用函数 gsb_F1( ) 播报距离。

这里为了简单易懂，用了 3 个"如果/执行"模块分别播报 c 为 1 位数、2 位数、3 位数时的距离语音。

例如，当 c 为 1 位数时的调用形式如图 6－9 所示。

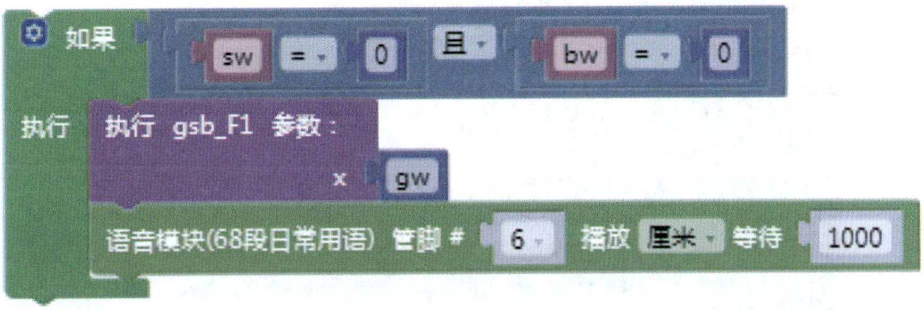

图 6－9　c 为 1 位数时的调用形式

务必注意！这里的函数 gsb_F2( ) 主要是为了便于同学们理解函数体内程序的结构，即根据不同的 c 值调用函数 gsb_F1( ) 即可播报距离，但它还很不完善。对于有些数据的播报（如 100、103 等不符合读数规则的数据），同学们可以上传程序后进行体验。

因此，弄清楚函数 gsb_F2( ) 的结构后，再对它进行修改，并对修改前后的函数进行比较，如图 6－10 所示。

· 51 ·

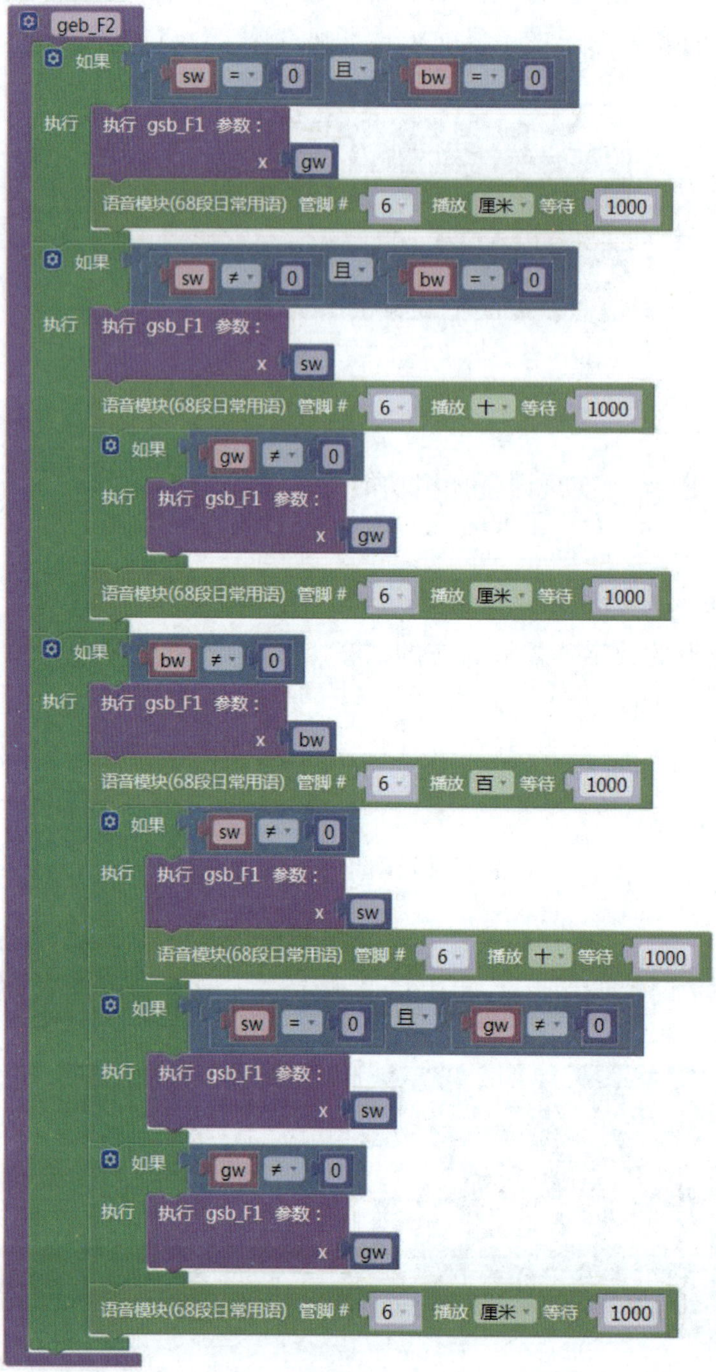

图 6－10　修改后的 gsb_F2( ) 函数

6.3　创意体验

1. 所需器材

（1）教学小车；

（2）超声波传感器 1 个；

（3）68 段语音模块 1 个；

（4）跳线若干。

2. 电路搭设

1）连接超声波传感器

将超声波传感器插入教学小车左前部的 JS6 引脚接口。从 JS5 引脚接口将超声波传感器的引脚 GND 连接到 Arduino 开发板的引脚 GND，引脚 Echo、Trig 依次连接 Arduino 开发板的引脚 3、2，电源引脚 VCC 连接到面包板上，如图 6−11 所示。

2）连接语音模块

将语音模块插入教学小车右前部的 JS2 引脚接口，从 JS1 引脚接口将语音模块的引脚 GND 连接到 Arduino 开发板的引脚 GND，引脚 VCC 在面包板上与超声波传感器的引脚连接，信号引脚 DAT 连接 Arduino 开发板的引脚 6，如图 6−11 所示。

3）连接电源

将教学小车上的电源引脚 VCC 先在面包板上与超声波传感器的电源引脚连接，再从这里连接 Arduino 开发板的电源引脚 5 V。如图 6−11 所示。

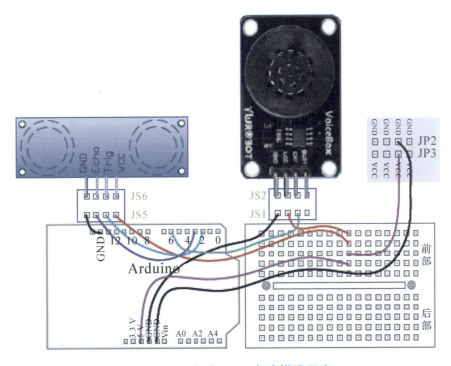

图 6−11　程序 6−1 电路搭设示意

3. 体验效果

上传程序 6−1，体验超声波传感器测距的效果。上传程序时注意上传修改后的函数 gsb_F2( )，体验效果后有兴趣的同学可以上传修改前的函数 gsb_F2( )体验，然后对修改的部分进行对照分析。

注意，如果探测的距离大于超声波传感器实际的探测范围，则超声波传感器进入盲区，数据不可信。

1. 制作名称

【课后制作6-1】 距离有多远（2）。

2. 制作任务

用 Arduino 开发板实现超声波传感器测距，在串口监视器中显示距离，并测试正在使用的超声波传感器的最大探测距离大约是多少（图6-12）。

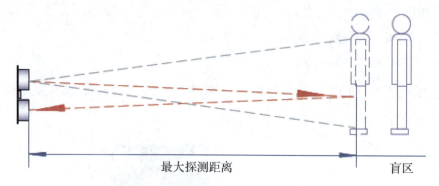

图6-12 课后制作6-1场地布置示意

超声波避障机器人

7.1 项目要点

7.1.1 项目任务

【项目7－1】 超声波避障机器人。

用两个超声波传感器制作一个超声波避障机器人，两个超声波传感器分别安装在教学小车头部的两边。如果超声波传感器探测到的距离 <30 cm，则视为有障碍物，超声波避障机器人绕过障碍物后继续前进，如图7－1所示。

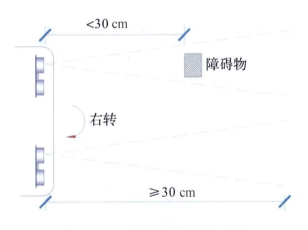

图7－1 超声波避障机器人示意

7.1.2 巩固提高

（1）熟练掌握对超声波传感器信号与执行器信号的读写，并能根据实际情况为执行器输出信号。例如在超声波避障机器人程序中为执行器（直流电动机）写信号时，注意避障距离与速度的关系。如果避障的距离过小而为电动机写入的速度信号量过大，超声波避障机器人就会很难绕过障碍物而直接撞上去。

（2）熟悉 if…else 结构的运用。在 C 程序的 3 种基本结构的学习中，同学们初步了解了 if…else 结构的基本概念，但是在前面的学习中，为了加深对 if 结构形式的掌握尽量避免使用 if…else 结构形式。

【if…else if 结构的特点】

if…else if 结构是在 if 结构的后面再跟一个 else if 结构。实际上 if 的后面可以跟多个 else if 结构，只是如果跟多了反而不如使用 switch 结构方便。

在第 6 册的课程中，同学们初步认识了"if…else if"模块，它在基本模块"如果/执行"中进行设置即可，如图 7 – 2 所示。

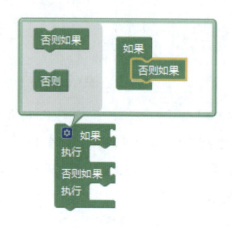

图 7 – 2 "if…else if"模块设置（1）

如果在某个条件选择过程中需要最后使用"else"，则在模块形式设置框中拖一个"否则"模块放在最后面即可，如图 7 – 3 所示。

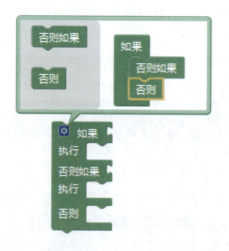

图 7 – 3 "if…else if"模块设置（2）

使用 if…else if 结构时，除了 if 本身之外，还有多少个条件需要选择就在它的后面接多少个"否则如果"模块。

现在来看看超声波避障机器人需要使用多少个"否则如果"（else if）模块。

根据项目任务要求，探测距离小于 30 cm 被视为有障碍物，那么探测距离大于等于 30 cm 则被为无障碍物。每个超声波传感器探测距离的结果只能存在两种情形，即要么 < 30 cm，要么 ≥ 30 cm。两个超声波传感器探测距离的可能结果只有 4 种情形，如图 7-4 所示。

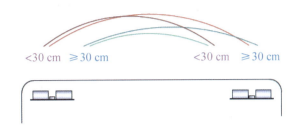

图 7-4　左、右两个超声波传感器探测距离的可能结果的 4 种情形

用 d 表示超声波传感器探测的距离变量，避障距离为 30 cm，则 4 种情形的条件选择方式见表 7-1。

表 7-1　超声波避障机器人避障的 4 种条件选择方式

左超声波传感器	右超声波传感器	避障措施	条件选择
d≥30 cm	d≥30 cm	前进	选择 2 个条件
d<30 cm	d<30 cm	倒退再右转	选择 2 个条件
d<30 cm	d≥30 cm	右转	选择左 d<30 cm
d≥30 cm	d<30 cm	左转	选择右 d<30 cm

如果用 if…else if 结构程序控制超声波避障机器人避障，则可以将表 7-1 用"如果/执行"模块表示，如图 7-5 所示。

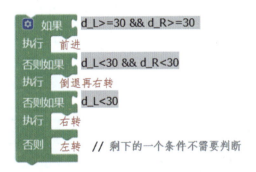

图 7-5　if…else if（如果……否则如果）结构应用示意

从图 7-5 可以看出，在 4 个条件中如果其中一个条件成立，则其他条件就不会再进行判断。但是，若单独使用 4 个"如果/执行"模块，则程序执行时每个"如果/执行"模块都要进行一次判断。这就是"if…else if"与"if"的不同之处。

7.2　编写程序

【程序 7-1】　超声波避障机器人。

1. 编程思路

在教学小车上安装左、右两个超声波传感器探测障碍物，用"如果……否则如果"选择结构模块处理超声波传感器的探测信号。定义左超声波传感器探测的距离变量为 sL，右超声波传感器探测的距离变量为 sR。当 sL < 30 cm 或 sR < 30 cm 被视为前方有障碍物。

（1）如果 sL >= 30&&sR >= 30，则超声波避障机器人前进；

（2）否则如果 sL < 30&&sR < 30，则超声波避障机器人先后退，再右转；

（3）否则如果 sL < 30，则超声波避障机器人右转；

（4）否则则超声波避障机器人左转。

用自定义函数实现电动机驱动功能。

2. 程序流程图

程序 7-1 流程图如图 7-6 所示。

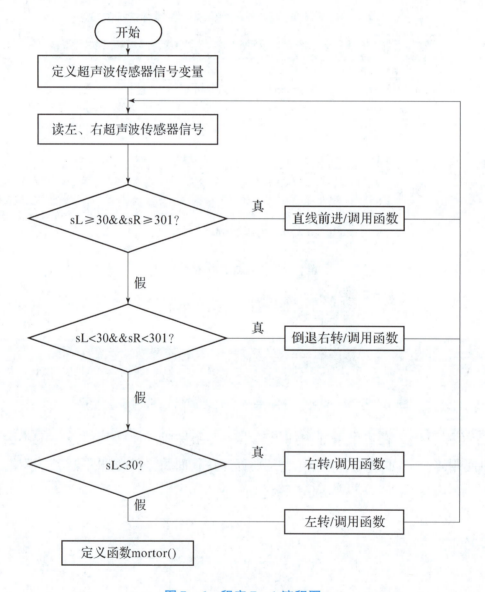

图 7-6　程序 7-1 流程图

3. 构建程序模块

程序 7 - 1 模块构建示意如图 7 - 7 所示。

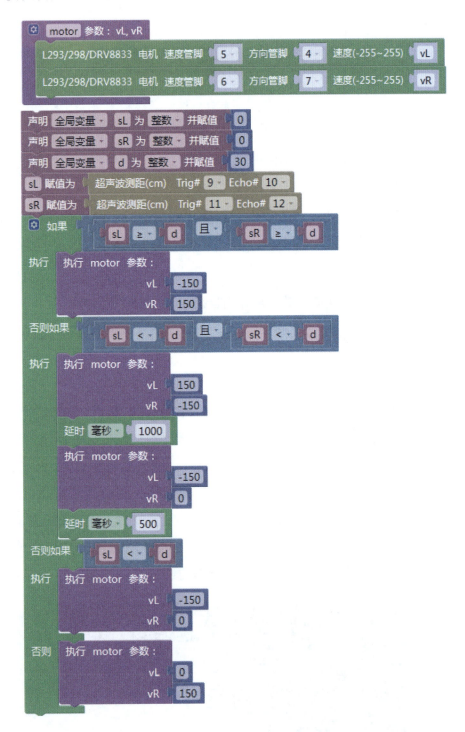

图 7 - 7　程序 7 - 1 模块构建示意

4. 程序注解

1）自定义函数

程序 7 - 1 用一个自定义有参函数 motor（ ）实现直流电动机驱动功能，函数参数 vL 为左轮电动机速度变量，vR 为右轮电动机速度变量。

2）主程序

（1）定义变量。程序7-1首部除了定义超声波传感器信号变量 sL、sR 外，还定义了一个变量 d（图7-8）。

图7-8　定义变量

变量 d 为超声波避障机器人与障碍物之间的最大距离，如果小于这个距离，超声波避障机器人就应该调整运动姿态避开它。这个变量也可以不定义，直接在条件选择表达式中给出，但在调试的时候如修改这个值会很麻烦。

（2）构建"超声波测距"模块（图7-9）。直接在模块中定义左超声波传感器 Trig 引脚9、Echo 引脚10，右超声波传感器 Trig 引脚11、Echo 引脚12。将超声波测距的结果分别存入变量 sL 和 sR。

图7-9　"超声波测距"模块

（3）用 if…else if 选择结构控制超声波避障机器人的避障行为。在每一个条件选择的"执行"缺口中分别调用电动机驱动函数 motor( )，并为该函数传递不同条件下对应的电动机速度参数。

第1个条件选择，如果两个超声波传感器前面都没障碍物，则超声波避障机器人前进。

第2个条件选择，如果两个超声波传感器前面都有障碍物，则超声波避障机器人后退1000 ms，再右转500 ms。其中后退是为了让超声波避障机器人有足够的转弯余地，"右转"根据个人的喜好也可以设置为左转，延时时间根据教学小车的速度进行大概的估计（图7-10）。

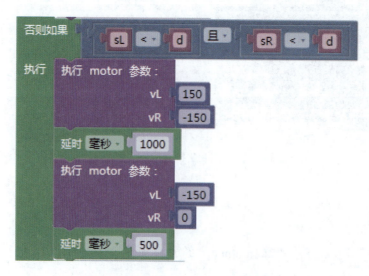

图7-10　第1和第2个条件选择

第 3 个条件选择，如果左超声波传感器探测距离 <30 cm，则右转。

第 4 个条件选择是左转，但是在程序模块中没有给出选择条件 sR <30，只有一个"否则"模块。这是因为在 4 个条件中前面已经选择了 3 个，剩下的一个肯定是 sR <30，没有必要重复选择。

7.3　创意体验

1. 所需器材

（1）教学小车；

（2）超声波传感器 2 个；

（3）跳线若干。

2. 电路搭设

1）连接超声波传感器

将两个超声波传感器分别插入教学小车左前部的 JS6 引脚接口和右前部 JS2 引脚接口，再分别从 JS5 和 JS1 引脚接口上将两个超声波传感器的引脚 GND 连接到 Arduino 开发板的引脚 GND；左超声波传感器的引脚 Echo、Trig 依次连接 Arduino 开发板的引脚 10、9，右超声波传感器的引脚 Echo、Trig 依次连接 Arduino 开发板的引脚 12、11；电源引脚 VCC 连接到面包板上，如图 7 –11 所示。

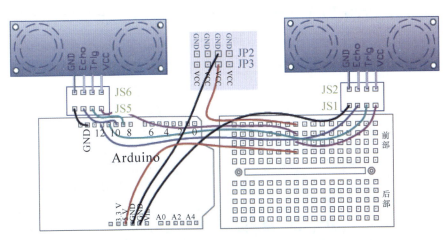

图 7 –11　程序 7 –1 电路搭设示意

2）连接教学小车电动机

从教学小车左前部的 J4 引脚接口上依次将电动机引脚 INA、ENA、ENB、INB 连接 Arduino 开发板的引脚 4、5、6、7，如图 7 –12 所示。

3）连接电源

将教学小车电源引脚 VCC 在面包板上与超声波传感器电源引脚连接，再从这里连接 Arduino 开发板的电源引脚 5 V 和引脚 GND 连接 Arduino 开发板的引脚 GND，如图 7 –11 所示。

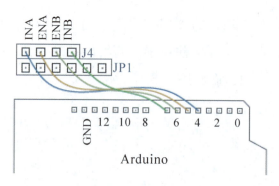

图 7－12　教学小车电动机电路连接示意

3. 场地布置

超声波避障机器人场地可以直接利用教室地面，也可以在比较宽敞的地方设置一些障碍物。

4. 体验效果

上传程序 7－1，拔下数据线后将超声波避障机器人放在场地上体验避障的效果。可以直接利用教室中的桌椅或墙壁作为障碍物，也可以在宽敞的地方为超声波避障机器人设置障碍物或用手阻拦超声波避障机器人。

（1）如果超声波避障机器人速度过高或距离避障过近，导致超声波避障机器人在遇到障碍物时无法转弯，则要调整电动机速度或避障距离。

（2）如果超声波避障机器人进入盲区，会无法绕开障碍物，则应移开超声波避障机器人，避免电动机受到的阻力过大而受到损害，如图 7－13 所示。

在图 7－13 中，教学小车上的两个超声波传感器相隔 9 cm，它的感应角度 <15°，这里为了示意方便取 13°，灰色区域即两个超声波传感器之间的盲区。位于 30 cm 处的黑色细小障碍物由于处在盲区，所以超声波避障机器人会撞上去。

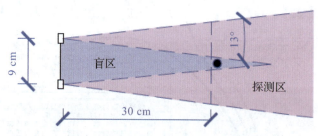

图 7－13　超声波传感器探测盲区示意

同学们想一想，如果不增加超声波传感器，可以用什么办法使这种细小障碍物不处在盲区？如果想出了办法，请修改程序后检验其是否可行。

课后制作

1. 制作名称

【课后制作 7－1】　直线跟踪机器人。

2. 制作任务

制作一个直线跟踪机器人。当人在直线跟踪机器人前面往前走直线的时候，直线跟踪机器人跟着人走，当人停下来的时候，直线跟踪机器人也停下来（图7−14）。

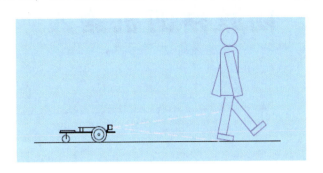

图7−14　课后制作7−1示意

第**8**课

防跌落的机器人

8.1 项目要点

8.1.1 项目任务

【项目8−1】 防跌落的机器人

"防跌落"是另一种避障方式。例如公路上的大坑也是一种障碍，汽车在行驶的时候需要及时避开它。

用两个超声波传感器制作一个防跌落的机器人。机器人在桌面上来回移动，不会从桌面上跌落，如图8−1所示。

图8−1 防跌落的机器人演示

将两个超声波传感器安装在数学小车头部的左、右两侧。安装好后先通过监视器测出超声波传感器离桌面的高度 d，然后根据这个高度 d 编写防跌落程序。当超声波传感器探测的高度 $> d$ 时，说明机器人到了桌面边缘，这时机器人转弯或倒退以防止跌落，如图8−2所示。

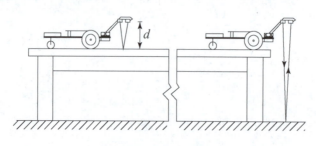

图8−2 防跌落的机器人与桌面相对位置示意

8.1.2 巩固提高

（1）进一步掌握选择结构与循环结构中的关系表达式的运用方法。在选择结构或循环结构程序设计中，要能正确写出用于条件判断的关系表达式。

（2）进一步掌握变量的定义与使用。通过使用变量，力争使程序更加简明易读。

8.1.3 知识拓展

【什么是盲区】

通常意义上的盲区是指视野盲区。视野盲区就是指人的视线达不到的地方，同样，通信盲区则是指电磁波达不到的地方。

前面课程中讲到的所谓盲区就是超声波传感器的声波"看不见"的区域。

（1）超声波传感器感应角度（15°）以外的区域。

（2）大于超声波传感器探测范围的区域。比如，HC-SR04 传感器的最大探测距离为 450 cm，在这个距离以外的物体 HC-SR04 传感器就探测不到了。

（3）小于超声波传感器探测范围的区域。比如，HC-SR04 传感器的最小探测距离为 2 cm，小于这个距离的物体 HC-SR04 传感器就探测不到了。

超声波传感器的盲区有一种特定的含义，它是超声波传感器产生、发射、返回超声波过程中存在的某种特性。

通常意义上的盲区是根据人的视觉现象描述的，它与超声波传感器本身意义上的盲区是两个完全不同的概念。

在相关程序的编写中，重点要关注通常意义上的盲区的处理。

8.2 编写程序

【程序 8-1】 防跌落的机器人。

1. 编程思路

将两个超声波传感器分别安装在教学小车前部的左、右内侧。

（1）当两个超声波传感器在桌面上探测的距离 $\leq d$ 时，机器人向前走。

（2）当两个超声波传感器在桌面上探测的距离 $>d$ 时，机器人先后退再右转。

（3）当左超声波传感器探测距离 $>d$ 时，机器人左转。注意，这与避障时的处理有所区别，即探测距离 $>d$ 时不能右转，因为左轮已经到了边缘，再右转机器人就有跌落的危险（体验时仔细观察）。

（4）当右超声波传感器探测距离 $>d$ 时，机器人右转。

用自定义函数实现电动机驱动功能。

2. 程序流程图

程序8-1流程图如图8-3所示。

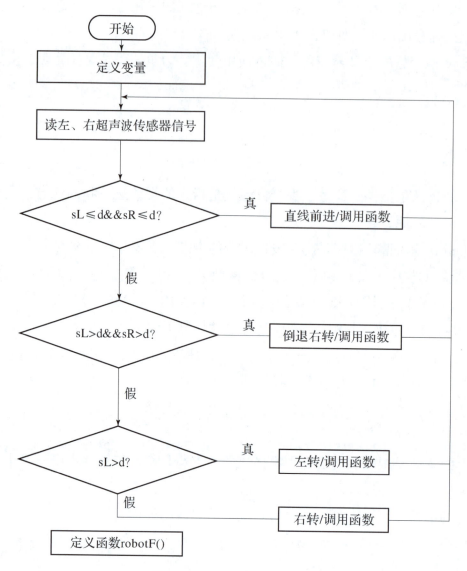

图8-3 程序8-1流程图

3. 构建程序模块

程序8-1模块构建示意如图8-4所示。

4. 程序注解

1）自定义函数

程序8-1定义了一个有参函数robotF( )用于实现电动机驱动功能。

2）主程序

（1）定义变量。主程序首部分别定义了左、右超声波传感器信号变量sL、sR，超声波传感器距桌面高度的变量d和直流电动机速度变量v。

定义变量d和v，是为了便于程序调试时修改这两个变量，同时也为了让程序更加简明易读（图8-5）。

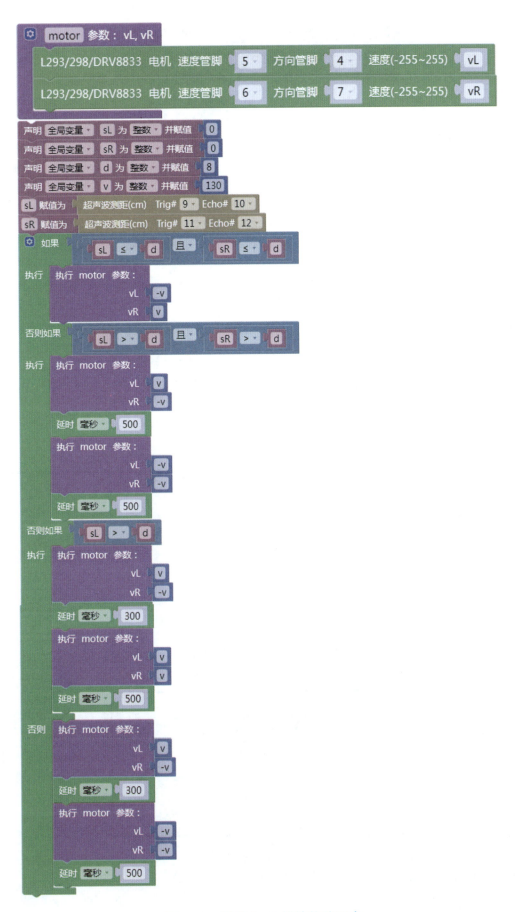

图 8-4　程序 8-1 模块构建示意

图 8-5 定义变量

变量 d 可能因为超声波传感器安装的方式不同或其他原因而有所不同，因此可以先将两个超声波传感器安装好后测试实际的 d 值，也可以先任意给一个初值如 0，在体验时再测试实际的值并将它初始化。

变量 v 只有当左、右 2 个电动机的顺时针和逆时针方向的转速都相同时才有意义。体验时电动机速度的调试是不可避免的。例如，当教学小车电池的电量充足时，速度要设置得低一点，电量不足时速度要设置得高一点。

（2）读超声波传感器信号，并分别把它存入变量 sL、sR。

（3）对读取的超声波传感器信号进行判断并处理。用 if…else if 结构分别控制机器人的运动姿态，这里程序的思路与上一课的超声波避障机器人没有什么区别，只是地面上的障碍物变成了地面下的"坑"。当左侧超声波传感器探测的距离 sL＞d 时机器人左转，而当 sR＞d 时机器右转。不过这时不能以其中一个轮子为圆心转动，否则机器人会跌落，如图 8-6 所示。

图 8-6 不正确的机器人姿态控制

为了减小机器人的转弯半径，让机器人以两个轮轴连线的中点为圆心转动，如图 8-7 所示。

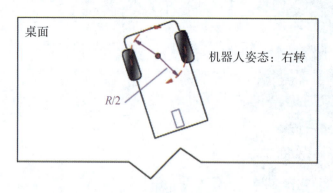

图 8-7 机器人右转控制示意

8.3 创意体验

1. 所需器材

（1）教学小车。

（2）超声波传感器2个。

（3）跳线若干。

（4）积木：1×2梁4个、1×4梁4个、1×6梁2个、1×2板4个、1×4板3个、2×4板2个、2×8板10个、12孔双折厚连杆2个、Z形厚连杆2个、销子14个、长短半十字销4个。

2. 元器件安装

将两个超声波传感器分别用积木固定在教学小车头部的左、右两侧，如图8-8所示。

图8-8 超声波传感器安装示意

3. 电路搭设

1）连接超声波传感器及电源

超声波传感器及电源的电路连接与上一课程序7-1的连接完全相同，文字说明见程序7-1的电路搭设部分。

但是，这里的超声波传感器由于没有直接插在JS2和JS6引脚接口上，所以需要用跳线将超声波传感器引脚先对应连接到JS2和JS6引脚接口，再将其连接到Arduino开发板的引脚，如图8-9所示。

2）连接教学小车电动机

从教学小车左前部的J4引脚接口上依次将电动机引脚INA、ENA、ENB、INB连接Arduino开发板的引脚4、5、6、7，如图8-10所示。

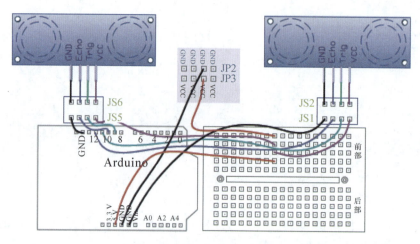

图 8 - 9　程序 8 - 1 超声波传感器及电源连接示意

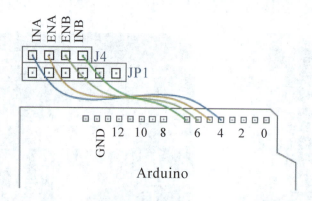

图 8 - 10　教学小车电动机电路连接示意

4. 场地布置

只需要一张面积合适的桌子作场地即可。如果是长方形的桌面，则它的宽度应满足机器人后退时的需要，如图 8 - 11 所示。

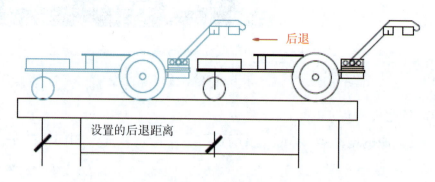

图 8 - 11　桌面最小宽度示意

5. 体验效果

上传程序 8 - 1 后，体验防跌落的机器人的效果。

将机器人放在桌面上。打开教学小车电源开关后，机器人会在桌面上跑来跑去而不会跌落。

（1）由于机器人只能获取它前方的环境信息，其他部位都是盲区，所以初次体验时，一定要注意防止机器人从桌上跌落。因此，至少以两个同学为一组进行调试。

（2）注意教学小车电动机速度与延时时间的设置和调试，特别要注意桌面4个角区最不利位置的调试。

课后制作

1. 制作名称

【课后制作8－1】 防跌落的机器人（2）。

2. 制作任务

在地面上用积木或其他物体设置一个长35～40 cm、高3～4 cm的长形障碍物。修改防跌落的机器人程序的相关部分，使的机器人遇到障碍物后便停下来不动（图8－12）。

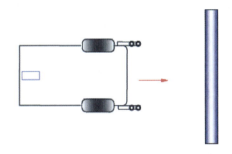

图8－12　课后制作8－1示意

尾随机器人

9.1 项目要点

9.1.1 项目任务

【项目9-1】 尾随机器人。

制作一个尾随机器人，当人走动的时候尾随机器人也跟着人走动，当人停下来的时候尾随机器人也跟着停下来，如图9-1所示。

图9-1 尾随机器人运动示意

在尾随机器人前端的左、右两侧各安装一个超声波传感器以探测人的位置。设置尾随机器人与人的距离始终保持 d cm，即左边距离 dL = d 或右边距离 dR = d；设置一个缓冲距离 s。当尾随机器人与人的距离大于 d 时向左、向右或向前走动；当距离小于 d - s 时尾随机器人后退；当距离 dL 与 dR 在 d 与 s 之间时尾随机器人停下来，如图9-2所示。

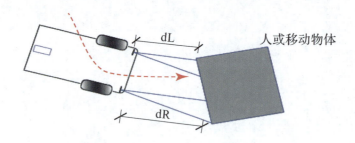

图9-2 尾随机器人左、右超声波传感器探测距离示意

9.1.2 巩固提高

（1）熟练掌握选择结构与循环结构中的逻辑表达式的运用方法。在选择结构或循环结构程序设计中，要能正确写出用于条件判断的逻辑表达式。

（2）熟练掌握数字输入与输出的运用，例如怎样读数字传感器的信号、怎样为执行器写数字信号。

9.1.3 知识拓展

【多个表达式之间的关系运算】

关系运算符（又叫作比较运算符）只能对 2 个表达式进行运算。

例如，有 3 个表达式分别为 a、b、c，它们之间的关系为 a < b < c。

图 9 – 3 所示的关系运算是错误的。

图 9 – 3　错误的关系运算

正确的运算方法如图 9 – 4 所示。

图 9 – 4　正确的运算方法

例如，将 a = 3、b = 4、c = 5 分别用上面的关系运算模块（图 9 – 3）和逻辑运算模块（图 9 – 4）进行运算。图 9 – 3 所示运算式的结果为 0，即表示 3 < 4 < 5 不成立，这显然是错误的；图 9 – 4 所示运算式的结果为 1，即表示 3 < 4 < 5 成立，因此使用逻辑运算符进行运算是正确的。

因此，对多个表达式进行关系运算时，要使用相应的逻辑表达式。

9.2　编写程序

【程序 9 – 1】　尾随机器人。

1. 编程思路

在尾随机器人头部的左、右两侧分别用超声波传感器探测人或移动物体的距离。

（1）设置尾随机器人尾随距离 d = 35 cm，s = 5 cm。定义左超声波传感器的距离变量为 sL，右超声波传感器的距离变量为 sR。

（2）根据探测距离 dL、dR 的变化情况不断调整尾随机器人的运动姿态，让它向左、向右或向前、向后运动。

（3）用自定义函数实现尾随机器人电动机的驱动功能。

2. 程序流程图

程序 9 -1 流程图如图 9 -5 所示。

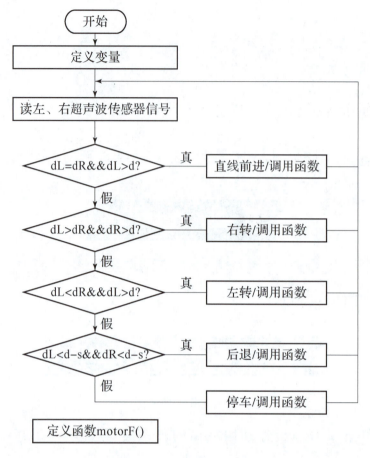

图 9 -5　程序 9 -1 流程图

3. 构建程序模块

程序 9 -1 模块构建示意如图 9 -6 所示。

4. 程序注解

1）自定义函数

函数 motorF（ ）实现尾随机器人电动机驱动功能。

2）主程序

（1）定义变量。主程序首部共声明并定义了 dL、dR、d、s、v 这 5 个变量。dL、dR 为左、右超声波传感器实际探测的距离；d 为尾随机器人与尾随对象如人或移动物体的设定距离，初始化为 35 cm；s 为停车区间，设定为 5 cm；v 为电动机速度。

（2）读超声波传感器信号。在“超声波测距”模块中定义左超声波传感器 Trig 引脚 9、Echo 引脚 10，右超声波传感器 Trig 引脚 11、Echo 引脚 12，并分别读左、右超声波传感器的信号，然后存储在变量 dL、dR 中。

（3）处理超声波传感器信号。根据项目要求，信号处理的条件选择共有 5 种情形。

情形 1：尾随机器人直线前进（图 9 -7）。

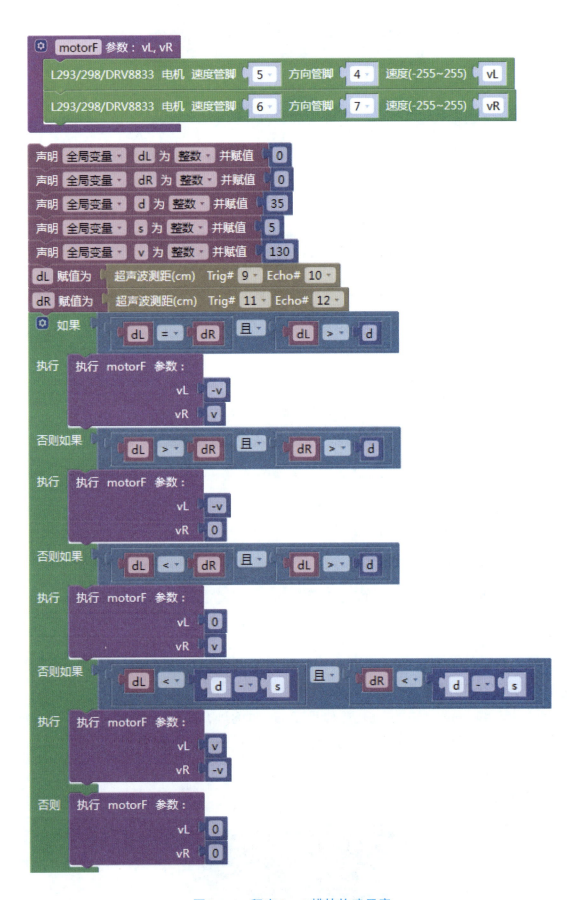

图 9 – 6　程序 9 – 1 模块构建示意

图 9 – 7　情形 1

尾随机器人直线前进的条件是左、右两个超声波传感器探测的距离相等，即 dL = dR，而且要大于 d。注意，如果没有大于 d 的条件，在尾随机器人后退或停止的条件选择中也会有 dL = dR 的情形出现，这样会产生一种条件交叉现象。

情形 2：尾随机器人右转（图 9 – 8）。

图 9 – 8　情形 2

当人位于尾随机器人右侧时，左侧探测距离 dL 就会大于右侧探测距离 dR，这时若 dR 大于 d，尾随机器人就要向右转，正对尾随对象。

情形 3：尾随机器人左转（图 9 – 9）。

图 9 – 9　情形 3

与尾随机器人右转原理相同，当人位于尾随机器人左侧时尾随机器人左转。

情形 4：尾随机器人后退（图 9 – 10）。

图 9 – 10　情形 4

尾随机器人后退的条件是两个超声波传感器的探测距离小于 d – s，即 35 – 5 = 30（cm）。30 ~ 35 cm 的范围为尾随机器人停在原地的区间。

当然也可以让尾随机器人在探测距离大于 35 cm 时前进，在探测距离小于 35 cm 时后退，在探测距离等于 35 cm 时停在原地，但这时尾随机器人停在原地的区间只是一个点，会导致尾随机器人停止的姿态不稳定。

情形 5：尾随机器人停在原地（图 9 – 11）。

图 9 – 11　情形 5

在第 5 种情形中，又有 3 种条件选择，即

dL >= 30&&dL <= 35；

dR >= 30&&dR <= 35；

（dL >= 30&&dL <= 35）&&（dR >= 30&&dR <= 35）。

在这 3 种条件中无论选择哪种条件，都让尾随机器人停止在原地不动，因此不需要对这些条件分别进行选择，直接用"否则（else）"模块调用函数 motorF( ) 停止电动机。

9.3 创意体验

1. 所需器材

（1）教学小车；

（2）超声波传感器 2 个；

（3）跳线若干。

2. 元器件安装

将左、右两个超声波传感器分别插在教学小车头部的 JS2 和 JS6 引脚接口上，如图 9 - 12 所示。

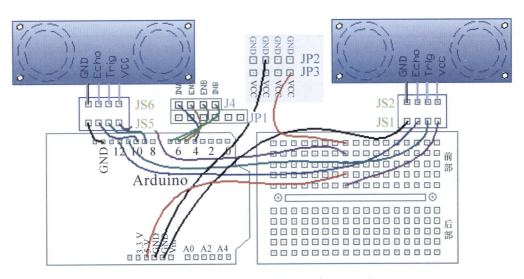

图 9 - 12　程序 9 - 1 超声波传感器连接及电路搭设示意

3. 电路搭设

1）连接超声波传感器

左超声波传感器的引脚 GND、Echo、Trig、VCC 从 JS5 引脚接口依次连接 Arduino 开发板的引脚 GND、10、9、VCC。其中，引脚 VCC 通过面包板转接。

左超声波传感器的引脚 GND、Echo、Trig、VCC 从 JS1 引脚接口依次连接 Arduino 开发板的引脚 GND、12、11、VCC。其中，引脚 VCC 通过面包板转接。

具体如图 9 - 12 所示。

2）连接电源

将教学小车上的电源地引脚 GND 连接 Arduino 开发板的引脚 GND，电源引脚 VCC 先在面包板上与超声波传感器引脚连接，再连接 Arduino 开发板的电源引脚 5 V，如图 9 – 12 所示。

3）连接教学小车电动机

将控制教学小车左前方电动机的 J4 引脚接口的 INA、ENA、ENB、INB 引脚依次连接 Arduino 开发板的引脚 4、5、6、7，如图 9 – 12 所示。

4. 场地布置

尾随机器人场地可以根据实际情况布置，既可以在室内，也可以在室外，但室外地面一定要平整。

5. 体验效果

上传程序 9 – 1，体验尾随机器人的效果。如果在实训台上体验，可用书本或其他大小适当的物体在尾随机器人前面引导尾随机器人前、后、左、右运动；如果场地较大，可以在尾随机器人前面走动，让尾随机器人尾随行进。

注意，由于教学小车电动机的速度是固定的，所以人或物体移动的速度不要太高，转弯时也不要突然离开尾随机器人的"视线"，否则尾随机器人会朝其他物体走去。

课后制作

////////////////////////

1. 制作名称

【课后制作 9 – 1】　尾随机器人（2）。

2. 制作任务

制作一个尾随机器人，让它除了具有程序 9 – 1 的所有功能外，使它在与被尾随对象的距离大于 100 cm 后因跟不上尾随对象而停止不动。

提示如下。

（1）修改程序 9 – 1 中相关模块的条件表达式，如将第 1 个选择结构模块"如果"的条件表达式修改为图 9 – 13 所示。

图 9 – 13　修改程序 9 – 1

同样，对第 2、3 个选择结构模块"否则如果"也要做相应的修改。

（2）增加一个条件选择，即当距离大于 100 cm 时让尾随机器人停下来（图 9 – 14）。

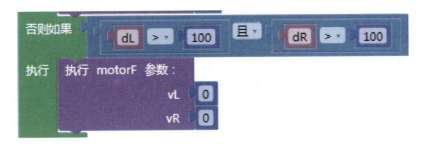

图 9 – 14　增加一个条件选择

第 10 课
环境保护机器人

10.1 项目要点

10.1.1 项目任务

【项目 10 – 1】 环境保护机器人。

制作一个环境保护机器人。环境保护机器人在一定范围内自动寻找废弃物，找到废弃物后走过去将它清除，如图 10 – 1 所示。

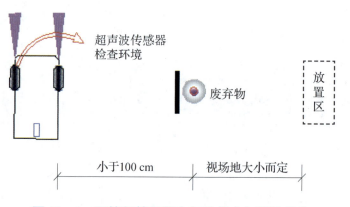

图 10 – 1　环境保护机器人初始状态与场地示意

在教学小车前端左、右两侧各安装一个超声波传感器以探测物体，舵机控制环境保护机器人手臂将废弃物搬走，灰度传感器探测是否靠近废弃物（黑色胶带）。

将物体放置在离环境保护机器人 100 cm 以内的地方，让环境保护机器人自动寻找障碍物。环境保护机器人原地以右轮为圆心向右旋转，发现物体后朝物体走过去。当环境保护机器人靠近物体，灰度传感器检测到黑色标志时，环境保护机器人便停下来抓取物体，然后继续向前行驶一段时间，将废弃物清除到"放置区"后松开手臂，停在原处。

10.1.2 巩固提高

（1）加深对程序的顺序结构的理解，掌握传感器、执行器在顺序结构中的状态。

①在 C 程序结构中，如果把选择结构和循环结构看作一个个具有特定功能的大模块，则整个程序从上到下就是一个顺序结构程序。

（2）正确分析传感器或执行器在顺序结构模块中的状态是很重要的。

例如用触碰传感器点亮一只 LED 灯，当触碰传感器被按下时 LED 灯亮起，程序一直执行到底部而没有再按下触碰传感器，这时 LED 灯是亮着还是熄灭？为什么？

程序示例如图 10－2 所示。

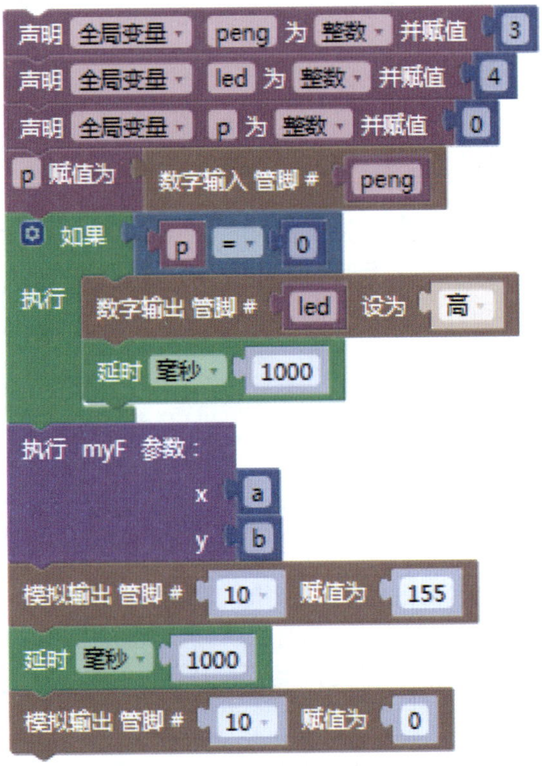

图 10－2　程序示例

（2）熟练掌握模拟输入与输出的运用。例如，怎样读模拟传感器的信号、怎样为执行器写模拟信号。

10.1.3　知识拓展

【C 程序的模块化设计】

程序模块化的主要思想是把一个大型的程序分成多个功能模块，每个功能模块独立实现比较简单的特定功能，互不干扰。

C 语言通过函数实现程序的模块化。利用函数可以化整为零，简化程序设计。

例如，环境保护机器人程序可以分为 3 个功能模块。

模块一：环境保护机器人寻找废弃物；

模块二：环境保护机器人发现废弃物后靠近废弃物；

模块三：环境保护机器人清除废弃物。

如果为每个功能模块定义一个函数实现各自的特定功能，那么环境保护机器人程序设计就是一种模块化设计。

当然，大型程序的模块化远比这里所说的"模块化"要复杂。了解程序模块化的思想，可以帮助我们在程序设计中明晰思路，把握程序的流程。

10.2　编写程序

【程序 10-1】　环境保护机器人。

1. 编程思路

用模块化设计思想，将环境保护机器人程序分为 3 个模块，即寻找废弃物模块、靠近废弃物模块和清除废弃物模块。

每个模块对应一个自定义函数，这些函数通过调用电动机驱动函数实现相应的功能。

在主程序中，读超声波传感器信号和灰度传感器信号后依次调用 3 个自定义函数。

2. 程序流程图

程序 10-1 流程图如图 10-3 所示。

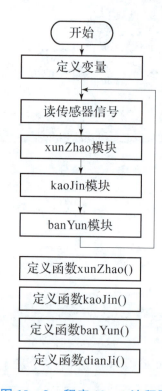

图 10-3　程序 10-1 流程图

3. 构建程序模块

依次构建主程序模块和 3 个函数 xunZhao( )、kaoJin( )、banYun( ) 及电动机驱动函数 dianJi( )。

4. 程序模块。

（1）主程序模块构建示意如图 10-4 所示。

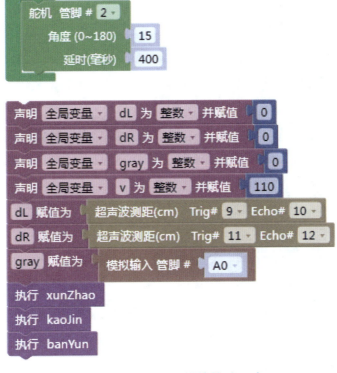

图 10 – 4　主程序模块构建示意

（2）函数 xunZhao( )模块构建示意如图 10 – 5 所示。

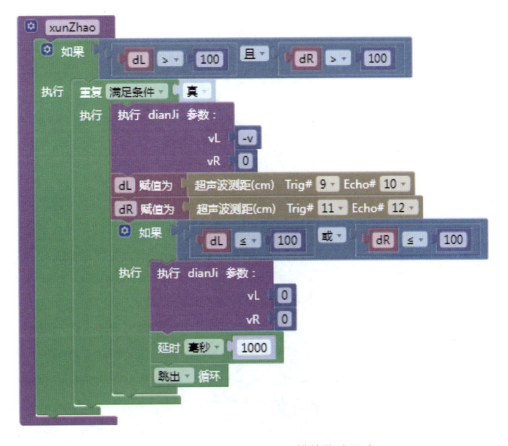

图 10 – 5　函数 xunZhao( )模块构建示意

（3）函数 kaoJin( )模块构建示意如图 10 - 6 所示。

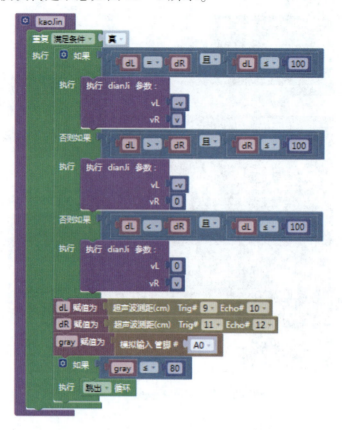

图 10 - 6　函数 kaoJin( )模块构建示意

（4）函数 banYun( )模块构建示意如图 10 - 7 所示。

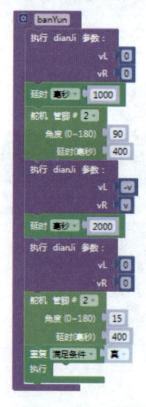

图 10 - 7　函数 banYun( )模块构建示意

（5）函数 dianJi( )模块构建示意如图 10-8 所示。

图 10-8　函数 dianJi( )模块构建示意

5. 程序注解

1）主程序

（1）在主程序中首先初始化舵机。这里采用第 2 课"循迹搬运机器人"中的搬运机械结构。先将舵机角度初始化为 15°，使环境保护机器人的搬运手臂大幅张开。

（2）定义变量。dL、dR、gray 分别为左超声波传感器、右超声波传感器和灰度传感器变量；v 为电动机速度变量。

注意，这些变量会分别被其他函数使用，因此必须将它们定义为"全局变量"。虽然模块中它们默认为全局变量，但要清楚其含义。

（3）读传感器信号（dL、dR）（图 10-9）。

图 10-9　读传感器信号

（4）调用函数。由于使用了模块化处理，所以主程序变得非常简单，只有 3 个函数调用模块。在这 3 个函数模块中分别对传感器的信号进行处理，并对执行器（教学小车电动机、舵机）输出相应的处理信号。其中，对教学小车电动机的信号输出是通过嵌套调用函数 dianJi( )实现的。

2）xunZhao( )函数

在 xunZhao( )函数中，在第 1 个（外层）"如果/执行"模块中用一个无限循环模块寻找废弃物。执行流程是让教学小车以右轮为圆心旋转，边旋转边读超声波传感器信号（图 10-10）。

同学们根据程序的顺序结构特点想一想，没有这个外层的"如果/执行"选择模块，程序仍然会进入寻找物体的无限循环，那么条件表达式 dL>100&&dR>100 有什么作用？

图 10-10　寻找废弃物

接下来，程序如果发现有物体的尺寸小于等于 100 cm 即认为该物体是废弃物，这时停止电动机准备靠近它，并跳出循环（图 10 – 11）。

图 10 – 11　找到废弃物并跳出循环

3）kaoJin（）函数

kaoJin（）的主要功能：一是让环境保护机器人不断修正方向走近废弃物，修正方法我们已经很熟悉了；二是探测是否靠近物体，如果靠近则跳出循环。

4）banYun（）函数

banYun（）函数体内是一个纯粹的顺序结构程序。它的主要功能是将废弃物抓取后环境保护机器人运行 2000 ms，然后放下废弃物并停在原处。

10.3　创意体验

1. 所需器材

（1）教学小车。

（2）超声波传感器 2 个。

（3）舵机 1 个、舵机支架及螺丝。

（4）灰度传感器 1 个、M3 × 25 mm 铜柱 1 根。

（5）跳线若干。

（6）积木：1 × 4 梁 2 个、1 × 16 梁 1 个、3 孔厚连杆 6 个、7 孔厚连杆 1 个、9 孔厚连杆 1 个、14 孔厚连杆 1 个、Z 形厚连杆 2 个、12 孔双折厚连杆 2 个、轴套 1 个、小滑轮 1 个、22 mm 十字棒 2 根、双接口 1 个、销子 7 个、长短半十字销 5 个、长插销 3 个。

2. 安装舵机与灰度传感器

将舵机用螺丝固定在教学小车前端中间的 2 个积木圆孔上，再将灰度传感器用 M3 × 25 mm 铜柱拧紧在舵机的一个螺丝上，如图 10 – 12 所示。

图 10 – 12　舵机与灰度传感器安装示意

搬运手臂搭建与第2课"循迹搬运机器人"相同，如图10-13所示。

图10-13 搬运手臂搭建

3. 安装超声波传感器

将超声波传感器用积木销子固定在传感器支架上，分别在两个搬运手臂上构建一个超声波传感器的连接件，再将超声波传感器安装上去，如图10-14所示。

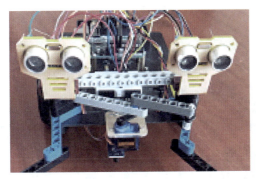

图10-14 超声波传感器安装示意

4. 电路搭设

1）连接舵机

将舵机的信号线（黄色）引脚连接 Arduino 开发板的引脚2，电源线（红色）引脚连接教学小车电源引脚 VCC，接地线（褐色）引脚连接面包板，如图10-15所示。

2）连接灰度传感器

将灰度传感器信号引脚 OUT 连接 Arduino 开发板的模拟输入引脚 A0，电源引脚5 V、GND 先分别连接面包板，如图10-15所示。

3）连接超声波传感器

将左超声波传感器的引脚 Trig、Echo 连接 Arduino 开发板的引脚9、10，将右超声波传感器的引脚 Trig、Echo 连接 Arduino 开发板的引脚11、12。它们的电源引脚 VCC、接地引脚 GND 分别在面包板上与灰度传感器的引脚对应连接，如图10-15所示。

4）电动机与电源连接

教学小车电动机连接如图10-15所示。

教学小车电源连接：将教学小车电源引脚 VCC 在面包板上与灰度传感器电源正极引脚连接，

再将它连接 Arduino 开发板的引脚 5 V；GND 引脚连接 Arduino 开发板的引脚 GND。

舵机、灰度传感器及超声波传感器的接地引脚从面包板连接 Arduino 开发板的引脚 GND，如图 10 – 15 所示。

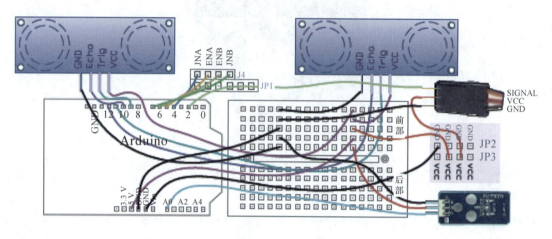

图 10 – 15　程序 10 – 1 电路搭设示意

5. 场地布置

场地布置如图 10 – 1 所示，地面为白色或接近白色。

6. 体验效果

上传程序 10 – 1，体验环境保护机器人的效果。

（1）环境保护机器人与物体的相对位置按图 10 – 1 所示布设，物体离环境保护机器人的距离不要大于 100 cm，否则环境保护机器人不会认定它为"废弃物"。

（2）"废弃物"的直径只要比环境保护机器人的搬运手臂合拢时的内径适当大一点即可。使用空矿泉水瓶时最好装上水，不然超声波的反射效果不好。

（3）环境保护机器人寻找物体时，不要让手或其他物体进入距超声波传感器 100 cm 的范围内，否则环境保护机器人会向你的手或其他物体走过去。

（4）注意对程序的现场调试。

 课后制作

1. 制作名称

【课后制作 10 – 1】　环境保护机器人（2）。

2. 制作任务

在程序 10 – 1 中，由于教学小车修正方向时一侧轮子的速度为 v，而另一侧轮子的速度为 0，所以教学小车靠近物体时左右摇摆幅度很大。

修改程序 10 – 1 中的函数 kaoJin( )，将原来速度为 0 的轮子用变量 v0 代替，设置 v0 的大小，让教学小车摆动的幅度小一点，并上传程序检验。

第 3 单元
红外遥控机器人

- Mixly Arduino C 程序训练
- 认识红外遥控器
- 红外遥控机器人

第11课

红外遥控器

11.1 项目任务

【项目 11 - 1】 红外遥控 LED 灯。

了解红外遥控器的基本工作原理，通过制作 1 只红外遥控 LED 灯，掌握红外遥控器的使用方法。

11.1.1 红外通信的基本概念

红外通信是利用红外线传输信号的一种通信方式。红外通信可以传输语言、文字、数据、图像等信息。

红外通信装置由红外发射器和红外接收器两部分组成。红外发射器发射红外信号，红外接收器接收红外信号并进行处理后输出信号。

红外线通信装置具有抗电磁干扰性能好，设备结构简单、体积小、功耗及成本低等特点，因此被广泛使用，如用红外遥控器开/关电视机、空调等，如图 11 - 1 所示。

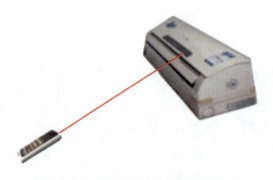

图 11 - 1　用红外遥控器开/关空调

11.1.2 红外遥控器

红外遥控器实际上是一个红外发射器。不同用途的红外遥控器的外形有所不同。图 11 - 2 所示的红外遥控器是本课程中学习 Arduino C 程序设计中使用的红外遥控器。

BA45FF00	B946FF00	B847FF00
BB44FF00	BF40FF00	BC43FF00
F807FF00	EA15FF00	F609FF00
E916FF00	E619FF00	F20DFF00
	E718FF00	
F708FF00	E31CFF00	A55AFF00
	AD52FF00	

图 11 – 2　红外遥控器及对应的按键编码

（1）红外遥控器上的每一个按键都有各自的编码。当某个按键被按下时，红外遥控器就会发射对应编码的红外波。红外遥控器有多种编码方式，最常见的红外遥控器编码方式为 NEC 编码。

（2）红外遥控器上按键的编码。按键编码采用十六进制数，如按键"1"的编码为 BA45FF00，按键"OK"的编码为 E31CFF00，如图 11 – 2 所示。红外遥控器上按键的编码可以通过串口实测得到。

（3）红外遥控器的最远发射距离可达 8 m，有效角度为 60°。

11.1.3　红外接收器

红外接收器是一个一体化的红外接收电路。它包含红外监测二极管、放大器、滤波器、积分电路、比较器等，如图 11 – 3 所示。

图 11 – 3　红外接收器

（1）红外接收器的功能是接收红外信号并还原成发射端的波形信号。红外接收器接收 38 kHz 的红外信号。

（2）红外接收器将接收到的红外信号进行还原处理后输入 Arduino 微控制器，然后实现相应的各种程序功能。

（3）红外接收器的工作参数及引脚。图 11 – 3 所示的红外接收器的工作电压为 5 V；引脚 S 为信号引脚，引脚"＋"为电源正极（VCC），引脚"－"为电源负极（GND）。

11.1.4　红外通信编程模块

红外通信编程模块在"通信"分类中的"红外通信"子类中，如图 11 – 4 所示。

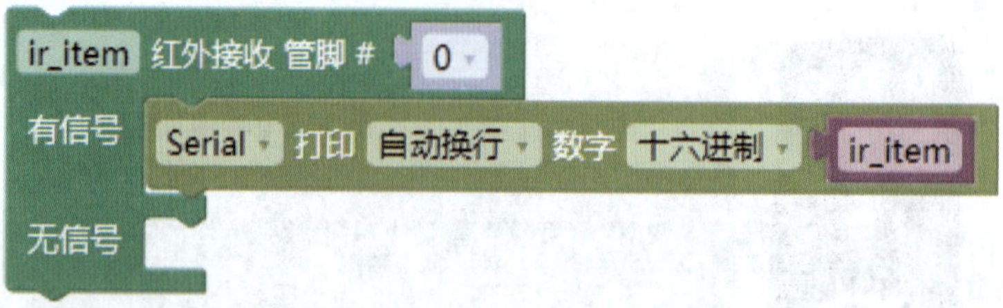

图 11-4　红外通信编程模块

红外通信编程模块说明如下。

（1）ir_item，红外遥控器的键值变量。例如，红外遥控器按键"1"的键值为 BA45FF00，当红外接收器接收到这个信号后则将它存入变量 ir_item，即 ir_item = BA45FF00。

（2）红外接收管脚，红外接收器的信号引脚 s，默认值为 0。

（3）有信号，红外遥控器发射信号时的程序功能。

（4）无信号，红外遥控器未发射信号时的程序功能。

（5）打印，输出键值的模块，键值的数制可以选择，一般采用十六进制（即默认值）。

1. 示例一

将一只 LED 灯插在面包板上，测试红外遥控器有信号和无信号时 LED 灯的亮灭（图 11-5）。

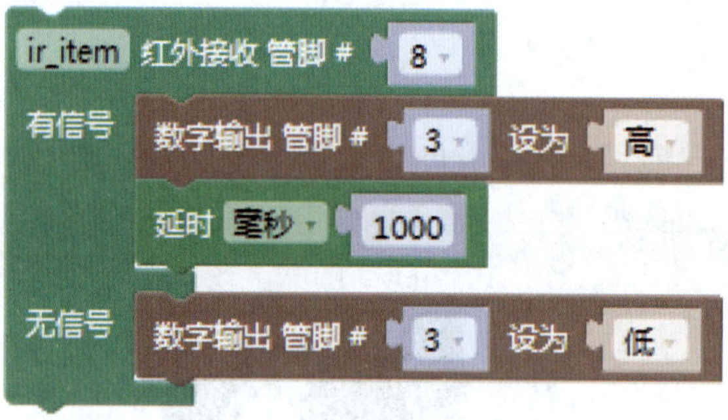

图 11-5　信号指示灯程序

上传图 11-5 所示的程序，并按红外遥控器上的任意按键，观察 LED 灯。当有信号时 LED 灯亮，当无信号时 LED 灯不亮。

2. 示例二

通过串口察看红外遥控器按键"1"的编码是多少。

构建并上传串口察看程序模块，然后按下按键"1"，串口打印编码 BA45FF00，如图 11-6 所示。如果要察看其他按键的编码是多少，按下相应的按键即可。

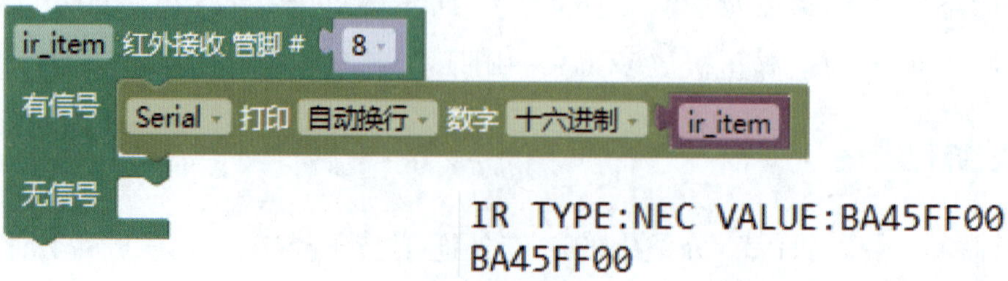

```
IR TYPE:NEC VALUE:BA45FF00
BA45FF00
```

图 11-6　红外遥控器按键"1"的编码

11.2 编写程序

【**程序 11 - 1**】 红外遥控 LED 灯。

用"红外接收"模块编写红外遥控 LED 灯程序时，可以将控制模块（黄色边框部分）放在"有信号"缺口中，也可以放在"红外接收"模块的下方（图 11 - 7）。

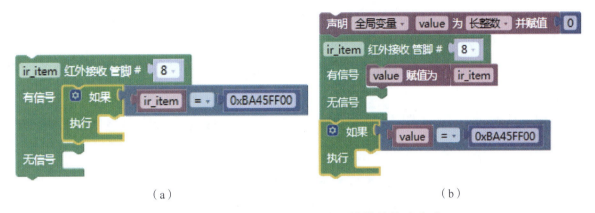

（a）　　　　　　　　　　　　　　　　　　（b）

图 11 - 7　红外遥控 LED 灯控制模块的构建方法
（a）放在"有信号"缺口中；（b）放在"红外接收"模块下方

如果放在"红外接收"模块的下方，则应另外设置一个变量来存储红外信号，并在"有信号"缺口中将信号（编码）赋给这个变量，不能直接使用变量 ir_item，如图 11 - 7（b）所示。两种方法可以根据自己的喜好选择。

1. 编程思路

用红外遥控组件控制一只 LED 灯的亮灭。当按下红外遥控器的按键"1"后点亮 LED 灯，当按下按键"OK"后关闭 LED 灯。

2. 构建程序模块

程序 11 - 1 模块构建示意如图 11 - 8 所示。

图 11 - 8　程序 11 - 1 模块构建示意

1）定义变量

程序 11 - 1 中将 LED 灯的控制模块放在"红外接收"模块的下方，因此定义了一个变量 value。注意，按键编码的数据类型为"长整数"。

2）构建"红外接收"模块

编写红外遥控程序时，必须构建一个"红外接收"模块。它的主要作用是生成一个红外遥控实例对象，并为这个对象定义红外信号变量（如 ir_item），定义红外接收器引脚（如"8"）。

3）构建点亮 LED 灯的模块

程序 11 - 1 中用一个"如果/执行"模块控制点亮 LED 灯，当按下红外遥控器的按键"1"时 LED 灯被点亮。

红外遥控器按键"1"的编码为 BA45FF00，输入编码时要在编码前面加一个前缀"0x"，表示这个编码是十六制数，即 0xBA45FF00（图 11 - 9）。

图 11 - 9　红外遥控器按键"1"的编码

4）构建关闭 LED 灯的模块

程序 11 - 1 中用"OK"按键关闭 LED 灯。"OK"按键的编码为 E31CFF00（图 11 - 10）。

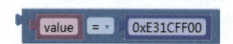

图 11 - 10　红外遥控器按键"OK"的编码

11.3　项目体验

1. 所需器材

（1）教学小车；

（2）红外遥控器组件：红外遥控器、红外接收器；

（3）LED 灯 1 只；

（4）跳线若干。

2. 元器件安装/电路搭设

1）连接红外接收器

将红外接收器通过弯脚排母插在面包板上（由于红外光线具有方向性，所以通过弯脚排母使它的接收头朝向前面）。引脚 S、"+"、"-"分别连接 Arduino 开发板的引脚 8、5 V、GND，如图 11 - 11 所示。

2) 连接 LED 灯

将 LED 灯插在面包板上，它的长引脚连接 Arduino 开发板的引脚 3，短引脚连接 Arduino 开发板的引脚 GND，如图 11-11 所示。

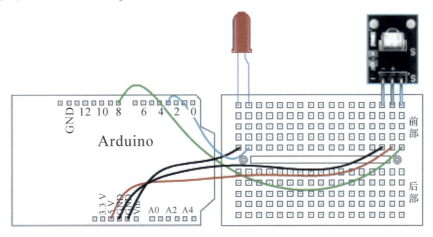

图 11-11　程序 11-1 电路搭设示意

3. 体验效果

上传程序 11-1，体验红外遥控 LED 灯的效果。

（1）将红外遥控器大致对准红外接收器的接收头，分别按下"1"按键或"OK"按键，点亮/关闭 LED 灯。

（2）修改程序，将"如果/执行"控制模块放在"有信号"缺口中，再上传程序并体验效果。

课后制作

1. 制作名称

【课后制作 11-1】　红外遥控 LED 灯（2）。

2. 制作任务

用红外遥控器的按键"1""2""3"分别控制 3 只不同颜色的 LED 灯。每只 LED 灯点亮后延时 1000 ms，然后自动熄灭。

提示：LED 灯熄灭的模块放在"无信号"缺口中（图 11-12）。

图 11-12　课后制作 11-1 LED 灯熄灭的模块

第 *12* 课

防空警报

12.1 项目任务

【项目 12 −1】 防空警报。

用 MP3 播放器制作一个红外遥控防空警报器，并通过项目制作了解防空警报的知识。

12.1.1 防空警报的意义和分类

防空警报是城市防空工程的重要组成部分。防空警报战时用于人民防空，是各级人民政府实施人民防空指挥，组织人员疏散的基本手段；是在城市受到空袭威胁时鸣响以提醒人们进行防御的一种特殊警示。

试鸣防空警报是人民防空教育的一项重要内容。

防空警报分为预先警报、空袭警报和解除警报 3 种。

（1）预先警报：作用是在城市可能遭到空袭的情况下，告知市民提前做好防空袭的各项准备。音响信号为：鸣 36 s 停 24 s，重复 3 遍，时间为 3 min，如图 12 −1 所示。

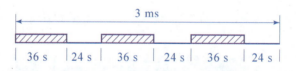

图 12 −1 预先警报音响信号示意

（2）空袭警报：作用是在空袭已临近城市上空，空袭行动即将或已开始发生的情况下，告知市民迅速采取疏散、掩蔽等防护措施。音响信号为：鸣 6 s，停 6 s，反复 15 遍为一个周期，时间为 3 min，如图 12 −2 所示。

图 12 −2 空袭警报音响信号示意

（3）解除警报：作用是在空袭危险已经解除的情况下，告知市民可以进行消除空袭后果的工作，恢复正常的生产和生活秩序。音响信号为：连续鸣响一长声，时间为 3 min，如图 12 −3 所示。

图 12 -3   解除警报音响信号示意

12.1.2   红外遥控鸣响防空警报

1. 音响文件命名

将预先警报、空袭警报、解除警报的音响信号格式化为 MP3，然后存入 SD 卡的"mp3"文件夹中。音响文件名分别为：

0026. mp3：预先警报；

0027. mp3：空袭警报；

0028. mp3：解除警报。

2. 红外遥控器键位设置

红外遥控器按键"1"控制预先警报音响，按键"2"控制空袭警报音响，按键"3"控制解除警报音响。

12.2   编写程序

【程序 12 -1】   防空警报。

1. 编程思路

构建"红外接收"模块，即生成一个红外遥控对象，然后初始化 MP3 模块。用"如果/执行"选择结构模块控制防空警报的音响播放。

根据图 11 -2 所示的红遥控器按键"1""2""3"的编码列出条件表达式。

2. 构建程序模块

程序 12 -1 模块构建示意如图 12 -4 所示。

3. 程序注解

1）定义变量

定义变量 value，数据类型为"长整数"。

2）构建"红外接收"模块。

通过构建"红外接收"模块生成一个红外遥控实例对象，定义红外遥控信号变量为 ir_item，红外接收器信号引脚为 8。

在"有信号"缺口中将红外遥控信号 ir_item 的值赋给变量 value（图 12 -5）。

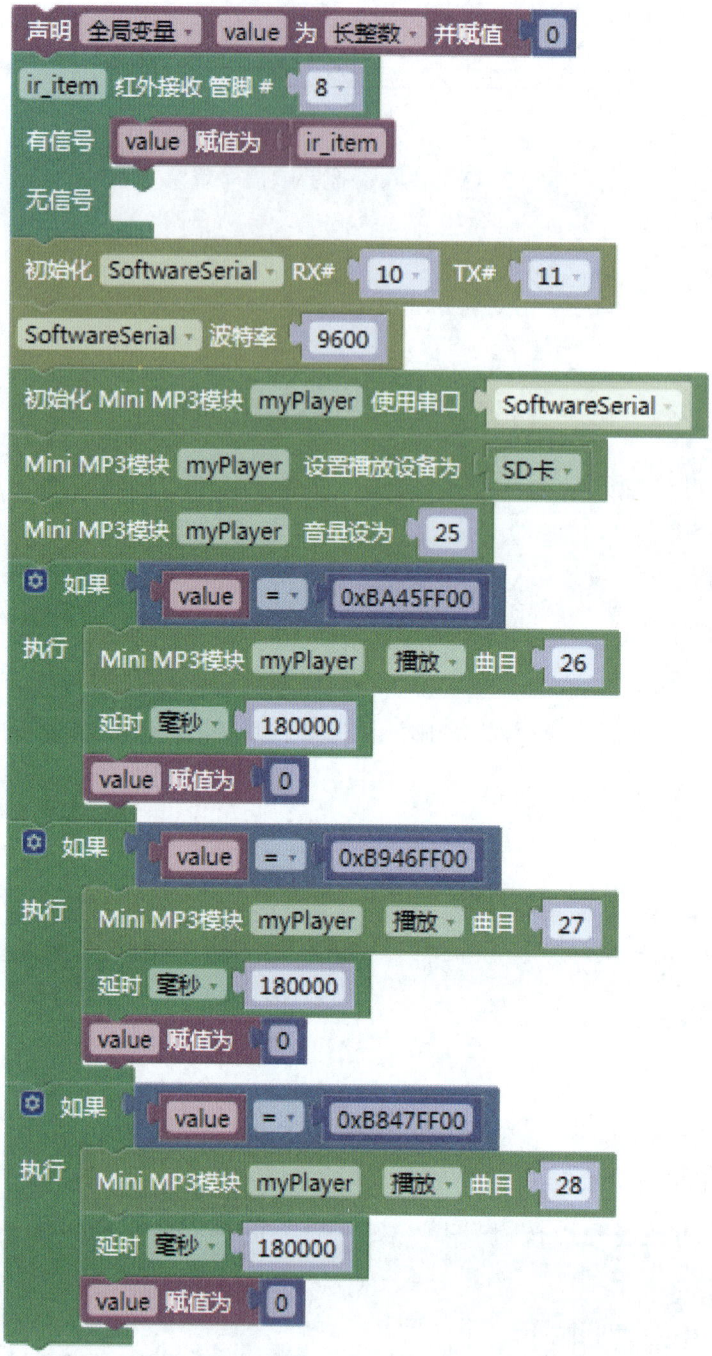

声明 全局变量 ▾ value 为 长整数 ▾ 并赋值 0

ir_item 红外接收 管脚 # 8 ▾
有信号 value 赋值为 ir_item
无信号

初始化 SoftwareSerial ▾ RX# 10 ▾ TX# 11 ▾
SoftwareSerial ▾ 波特率 9600
初始化 Mini MP3模块 myPlayer 使用串口 SoftwareSerial ▾
Mini MP3模块 myPlayer 设置播放设备为 SD卡 ▾
Mini MP3模块 myPlayer 音量设为 25
⚙ 如果 value = ▾ 0xBA45FF00
执行 Mini MP3模块 myPlayer 播放 ▾ 曲目 26
延时 毫秒 ▾ 180000
value 赋值为 0
⚙ 如果 value = ▾ 0xB946FF00
执行 Mini MP3模块 myPlayer 播放 ▾ 曲目 27
延时 毫秒 ▾ 180000
value 赋值为 0
⚙ 如果 value = ▾ 0xB847FF00
执行 Mini MP3模块 myPlayer 播放 ▾ 曲目 28
延时 毫秒 ▾ 180000
value 赋值为 0

图 12 – 4　程序 12 – 1 模块构建示意

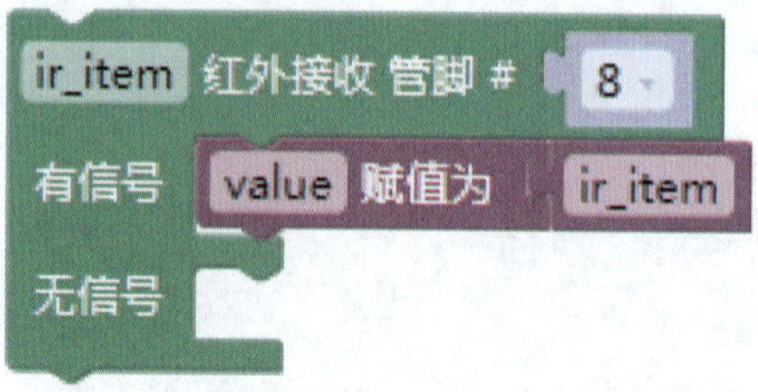

ir_item 红外接收 管脚 # 8 ▾
有信号 value 赋值为 ir_item
无信号

图 12 – 5　"红外接收"模块

3）初始化 MP3 模块

定义 MP3 模块的 RX 引脚为 10，TX 引脚为 11，设置波特率为 9600（默认值），指定播放设备为 SD 卡，播放音量为 25。

4）构建鸣响防空警报模块

程序中用 3 个"如果/执行"条件选择结构模块分别判断红外遥控器的信号，程序根据不同的按键信号播放相应的警报音响，如图 12-6 所示。

图 12-6 鸣响防空警报模块

模块中的按键编码可从图 11-2 查出，也可以通过串口查看。曲目"26"是警报音响文件在 SD 卡的"mp3"文件夹中的编号，这个编号连接教学用 SD 卡中前面语音文件的编号，播放时长 3 min 即 180000 ms。

注意，播放完后将该键值清零，即  ，否则程序会反复执行播放命令。同学们想一想这是为什么。

12.3 项目体验

1. 所需器材

（1）教学小车；

（2）红外遥控器组件：红外遥控器、红外接收器；

（3）MP3 模块、MP3 模块转接板；

（4）跳线若干。

2. 元器件安装

（1）通过弯脚排母将红外接收器插在面包板右前角。

（2）将 MP3 模块插在转接板上，再通过弯脚排母将转接板插在面包板左前角，如图 12-7 所示。

注意，在安装 MP3 模块前应将 SD 卡制作好。如果教学 SD 卡中没有存入防空警报音响文件，则应按照以前学习的方法，先制作文件并存入 SD 卡根目录下的"mp3"文件夹中。同时程序中的播放曲目也要与实际制作的文件目录一致。

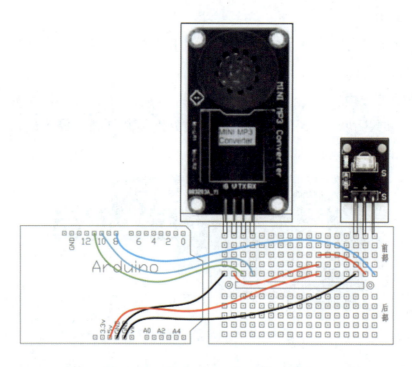

图 12 - 7　程序 12 - 1 电路搭设示意

例如，制作的文件目录为"0001. mp3""0002. mp3""0003. mp3"，则 MP3 模块修改为图 12 - 8 所示。

图 12 - 8　修改 MP3 模块

3. 电路搭设

1）红外接收器

将红外接收器的信号引脚 S 连接到 Arduino 开发板的引脚 8，接地引脚"-"连接 Arduino 开发板的引脚 GND，电源引脚"+"先连接面包板，再从面包板连接 Arduino 开发板的电源引脚 5 V，如图 12 - 7 所示。

2）MP3 播放模块

将转接板的引脚 RX、TX 依次连接 Arduino 开发板的引脚 10、11，电源引脚 V 在面包板上与红外接收器的引脚连接，接地引脚 G 连接 Arduino 开发板的引脚 GND，如图 12 - 7 所示。

4. 体验效果

上传程序 12 - 1，体验红外遥控防空警报的音响效果。

（1）当分别按下红外遥控器的"1""2""3"按键后，MP3 模块将播放预先警报、空袭警报和解除警报。

（2）体验效果时，红外遥控器的发射管要对准红外接收头。由于红外接收器敏感性的差异或红外发射器角度原因，如果按键后没有反应可重新按键。

（3）体验完毕后，同学们自己选定红外遥控器的其他按键控制防空警报的音响播放，并可以适当缩短每种防空警报的鸣响时间。

 **课后制作**

1. 制作名称

【课后制作 12 - 1】 红外遥控播放歌曲。

2. 制作任务

用红外遥控组件控制播放语音（68 段日常用语），每按一次按键播放一段语音（图 12 - 9）。红外遥控器键码自定。

图 12 - 9　课后制作 12 - 1 示意

语音一：祝爷爷、奶奶身体健康！

语音二：爸爸、妈妈工作辛苦了。

语音三：现在是上午 9 点，请等等。

第 *13* 课

遥控小风扇

13.1　项目任务

【项目 13 −1】　遥控小风扇。

制作一个红外遥控调速小风扇。

13.1.1　任务要求

（1）用红外遥控器开/关小风扇。

（2）用红外遥控器控制小风扇调速。设置小风扇的初始速度值为 180，最大速度值为 230，最小速度值为 130，每次增加或减小的速度值为 10。

（3）当小风扇的速度达到最大值或最小值时，Arduino 开发板的引脚 13 上的 LED 指示灯亮 1000 ms。

13.1.2　小风扇电动机

小风扇采用 N20 扁形直流微电动机，如图 13 −1 所示。

图 13 −1　N20 扁形直流微电动机

本项目中，红外接收器与小风扇电动机的距离很近，这种微电动机对红外接收器的干扰比较小，不会影响红外接收器正常工作。

（1）N20 扁形直流微电动机的工作参数

电压范围为 1.5~6.0 V，具体见表 13 −1。

表 13 - 1　N20 扁形直流微电动机的工作参数

电压/V	转速（空载）/ (r·min⁻¹)	电流/mA
1. 5	10000	155
3. 0	21300	165
3. 7	26300	170
5. 0	34500	185
6. 0	39300	200

（2）从 N20 扁形直流微电动机的电压与电流的关系可以看出，它的最小电流为 155 mA，这远远超过了 Arduino 开发板的每个引脚可能提供的最大电流 50 mA。因此，需要在项目中使用三极管来增大电动机所需要的电流。

（3）N20 扁形直流微电动机的最小工作电压为 1.5 V，它对应 Arduino 模拟输出的最小值为

$$255 \div 5 \times 1.5$$
$$= 76.5$$

即只有当输出的模拟量大于 77 时电动机才能正常转动（图 13 - 2）。

图 13 - 2　电动机正常转动条件

13.2　编写程序

【程序 13 - 1】 遥控小风扇。

1. 编程思路

定义一个函数 xiaofengshan( )，实现对小风扇的遥控功能。

（1）定义一个速度变量用于速度控制。

（2）定义一个电动机启动控制变量，用于控制电动机启动。

（3）在函数体内用 switch 结构控制电动机的启停与变速。

在主程序内调用 xiaofengshan( ) 函数实现程序功能。

2. 构建程序模块

程序 13 - 1 模块构建示意如图 13 - 3 所示。

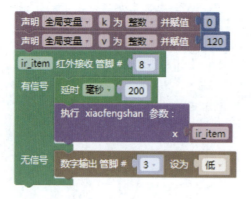

（a）

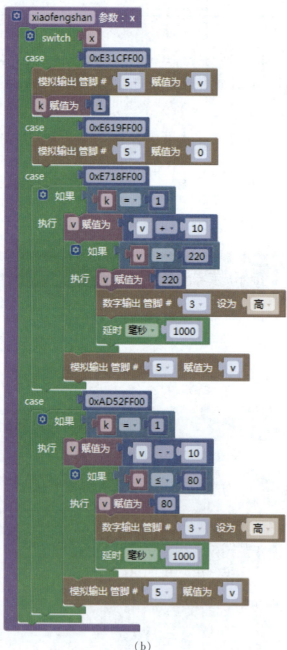

（b）

图 13 −3　程序 13 −1 模块构建示意

（a）主程序模块；（b）函数模块

3. 程序注解

1）主程序

（1）变量 k 用于控制电动机的启动。在 xiaoFengshan（）函数中，可以发现如果没有变量 k 控制，则按下红外遥控器的变速键时电动机同样会被启动，这就失去"启动"键的意义了。

（2）变量 v 用于启动时的初始速度，也用于调速时的参考速度。注意电动机的启动速度不要设置得过低，速度过低不但不能启动电动机，反而会使电动机过热而损坏电动机。

（3）构建"红外接收"模块，生成一个红外遥控实例对象，并定义红外接收器信号引脚 2。

在"有信号"缺口中构建一个"延时"模块和一个函数调用模块。

函数调用模块用于每产生一个信号，即每按一次按键调用一次电动机控制函数。

在"无信号"缺口中关闭引脚 3 上的 LED 灯。

2）xiaoFengshan（）函数

（1）定义函数参数。

定义函数参数时要注意参数的数据类型。变量 ir_item 的数据类型为"长整数（long）"，因此参数 x 的数据类型也应为"长整数"，如图 13-4 所示。

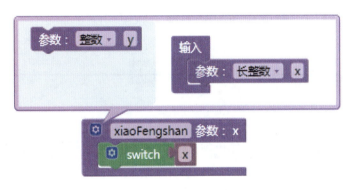

图 13-4　参数 x 的数据类型

（2）定义按键功能。

启动电动机键"OK"，编码为 0xE31CFF00；停止电动机键"0"，编码为 0xE619FF00；电动机加速键"▲"，编码为 0xE718FF00；电动机减速键"▼"，编码为 0xAD52FF00。

（3）控制电动机运行的简单程序。

如图 13-5 所示，函数体内的 switch 结构程序模块完全可以简单控制电动机的 4 种运行状态，即启动电动机、停止电动机、电动机加速、电动机减速。

图 13-5 所示的程序结构简单明了，能帮助我们清晰地理解程序的思路，但是它不能完美地实现程序设计思想，还存在不足，例如：

（1）当常量 case 分别为 0xE31CFF00、0x0xE718FF00、0xAD52FF00 时，电动机都会启动；

（2）当电动机加速或减速时没有上限与下限的控制，这会导致电动机的最大速度值可能大于 255，最小速度值可能小于 0。

因此，需要对图 13-5 所示的程序进行修饰。

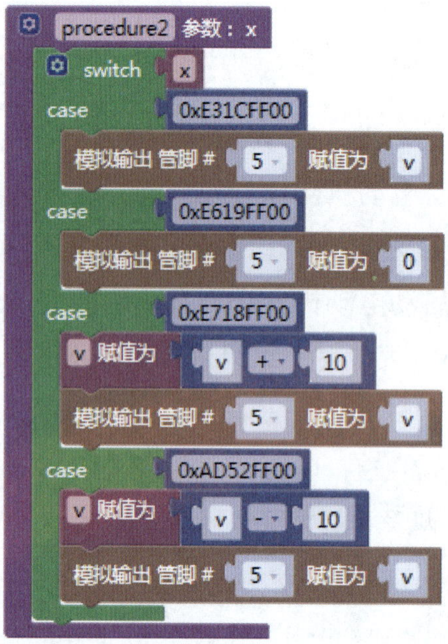

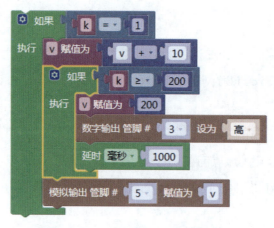

图 13 – 5　简单控制电动机运行程序模块

3）控制电动机运行的完整程序

在理解程序结构的思路后，修改程序只是增加一些模块罢了。

（1）"k = 1"模块，如图 13 – 6 所示。

图 13 – 6　"k = 1"模块

程序开始运行时 k 的初值为 0，在 case 为 0xFF38C7 的电动机启动模块中，当启动电动机后将变量 k 赋值为 1，为后面的电动机变速模块提供一个限制条件。

（2）电动机加速程序模块，如图 13 – 7 所示。

图 13 – 7　电动机加速程序模块

在图 13 – 7 中，带有黄色边框的"如果/执行"模块以外的部分与图 13 – 5 中的变速程序模块是一样的，只是多了一个"如果/执行"选择条件"k = 1"。这个条件的意义是只有电动机启动后 case 0xE718FF00 缺口中的程序才被执行。

带有黄色边框的"如果/执行"模块部分的功能是控制电动机的最高速度，并点亮引脚 3 上的 LED 灯。

电动机减速程序模块的完善方法完全与电动机加速程序模块相同。看起来模块很多，其实很简单！

13.3　项目体验

1. 所需器材

（1）教学小车。

（2）红外遥控器组件：红外遥控器、红外接收器。

（3）NPN 型三极管。

（4）N20 扁形直流微电动机、风扇叶片。

（5）跳线若干。

（6）积木：1×4 梁 3 个、3 孔厚连杆 4 个、7 孔厚连杆 5 个、轴套 2 个、78 mm 十字棒 2 根、双接口 2 个、销子 12 个、长插销 5 个。

2. 元器件安装

安装小风扇，如图 13-8 所示。

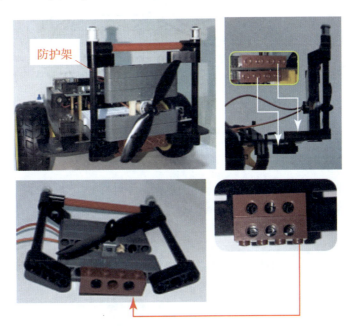

图 13-8　小风扇安装示意

3. 电路搭设

1）连接三极管

NPN 型三极管如图 13-9 所示。

1 2 3

图 13 – 9　NPN 型三极管

将 NPN 型三极管插在面包板左前角，发射极 e（引脚 1）连接 Arduino 开发板的引脚 GND，基极 b（引脚 2）连接 Arduino 开发板的模拟输出引脚 5，集电极 c（引脚 3）连接 N20 扁形直流微电动机引脚线的一端（负极），如图 13 – 10 所示。

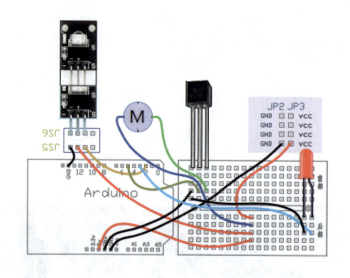

图 13 – 10　程序 13 –1 电路搭设示意

2）连接红外接收器

通过弯脚排母将红外接收器插在教学小车左前方的 JS6 引脚接口上，通过 JS5 引脚接口分别将红外接收器的信号引脚连接 Arduino 开发板的引脚 2，电源引脚 "＋" 先连接到面包板上，接地引脚连接 Arduino 开发板的引脚 GND，如图 13 – 10 所示。

3）连接 LED 灯

将 LED 灯插在面包板上，长引脚连接 Arduino 开发板的引脚 3，短引脚在 Arduino 开发板上与 NPN 型三极管的接地引脚连接，如图 13 – 10 所示。

4）连接电源

将 N20 扁形直流微电动机的另一端引脚线在面包板上与红外接收器的电源引脚线连接。

将教学小车的电源引脚 VCC 在面包板上与红外接收器的电源引脚连接，再将它连接到 Arduino 开发板的引脚 5 V。教学小车电源地引脚 GND 连接 Arduino 开发板的引脚 GND，如图 13 – 10 所示。

4. 体验效果

上传程序 13 –1，拔下数据线后体验遥控小风扇的效果。

（1）电动机启动后一定要注意安全，千万不要让手碰到风扇叶片，时刻小心高速旋转的风扇叶片伤到手指或其他部位。

（2）如果电动机启动速度设置低而使电动机不能转动，则要立即用红外遥控器关闭电动机或断开教学小车的电源开关。

（3）如果干扰或其他原因导致红外遥控器无法关闭电动机，则应断开教学小车的电源开关。

（4）如果小风扇启动后逆时针方向旋转，则应将 N20 扁形直流微电动机的两根引脚线调换位置，即将连接 NPN 型三极管集电极 c 的引脚线（绿色）与连接电源引脚 VCC 的引脚线（蓝色）交换位置，如图 13 – 11 所示。

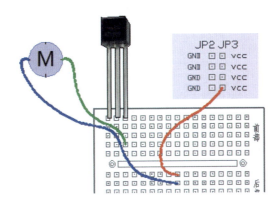

图 13 – 11　交换 N20 扁形直流微电动机引脚线位置

 课后制作

1. 制作名称

【课后制作 13 – 1】　遥控小风扇（2）。

2. 制作任务

修改程序 13 – 1，设置小风扇电动机的启动速度值为 150，最高速度值为 170，最低速度值为 130。

用红外遥控器控制小风扇电动机的速度，当电动机达到设定的最高速度或最低速度时 LED 灯点亮 1000 ms。

红外遥控器的键位设置和电动机速度的变化幅度自定。

第 14 课

遥控小车

14.1 项目任务

【项目 14 – 1】 遥控小车。

制作一辆红外遥控小车。

1. 任务要求

（1）由红外遥控器控制小车前进、左转、右转、后退。

（2）红外遥控器控制小车姿态的按键如下。

"▲" 前进，编码为 E718FF00；

"◄" 左转，编码为 F708FF00；

"►" 右转，编码为 A55AFF00；

"▼" 后退，编码为 AD52FF00。

小车停止时无信号。

（3）当长按上面的某一按键时小车保持相应的运动姿态，松开按键时小车停止运动，如图 14 – 1 所示。

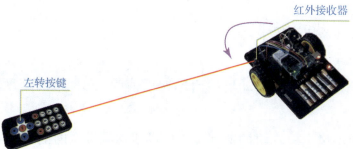

图 14 – 1　小车遥控姿态示意

14.2 编写程序

【程序 14 – 1】 遥控小车。

1. 编程思路

用一个自定义函数如 xiaoChe( ) 实现控制小车各种运动姿态的功能；在函数体内用 switch 选择结构选择不同的运动姿态。

用"红外接收"模块构建遥控小车的主程序。主程序根据不同的红外信号调用函数 xiaoChe( )。

2. 构建程序模块

程序 14 –1 模块构建示意如图 14 –2 所示。

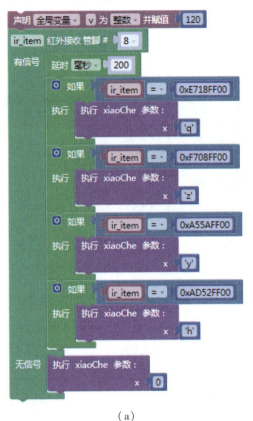

（a）

（b）

图 14 –2　程序 14 –1 模块构建示意图

（a）主程序模块；（b）函数模块

1）主程序

（1）定义小车速度变量 v 和红外传感器信号变量 ir_iteme 及红外接收器引脚 8。

由于在函数 xiaoChe( ) 中要使用变量 v，所以应将变量 v 定义为全局变量。

（2）在"有信号"缺口中，用"如果/执行"选择结构模块调用 xiaoChe( ) 函数，实现小车运动姿态的控制功能（图 14 – 3）。

图 14 – 3　调用 xiaoChe( ) 函数

例如，小车前进的按键"▲"的编码为 E718FF00，当红外传感器信号变量 ir_item = E718FF00 时，在"执行"缺口中通过参数 x 调用函数 xiaoChe( ) 执行"前进"功能。

函数参数 x 的值使用字符型数据，这样便于程序的阅读。例如代表小车前进的字符数据为"q"，即 qianJin，表示小车前进。后面的数据依次为 z（zuoZhuan）、y（youZhuan）、h（houTui）。

（3）在"无信号"缺口中实现小车停止功能。"无信号"就不能按键，那么怎样在 switch 模块中执行小车停止功能呢？

我们已经学习了 switch 模块的用法，一个常量在 switch 模块中如果找不到对应的 case 常量，switch 模块就会执行 default 模块的功能。只要在"无信号"缺口的函数调用模块中指定一个常量 0 就行了（图 14 – 4）。当然也可以用其他常量，只要不与任何一个 case 常量相同。

图 14 – 4　指定常量 0

（4）无信号时停止小车运动的设计思想是为了方便小车的控制，特别是在场地比较小的地方。也可以让小车始终在前进的过程中实现小车的姿态控制。

2）函数 xiaoChe( )

函数体内是 switch 模块，分别用 4 个 case 常量控制小车的 4 种运动姿态；用 default 模块控制小车停止。

14.3　项目体验

1. 所需器材

（1）教学小车。

（2）红外遥控器组件：红外遥控器、红外接收器。

（3）跳线若干。

（4）积木：3孔厚连杆4个、3×5厚连杆1个、销子3个、长插销2个。

2. 元器件安装

安装红外接收器：先用公对母的路线连接红外接收器，再将红外接收器（引脚）卡入积木，然后安装在教学小车的左前方，如图14-5所示。

图 14 - 5　红外接收器安装示意

3. 电路搭设

1）连接红外接收器

将红外接收器的信号引脚连接 Arduino 开发板的引脚8，电源引脚"+"先连接到面包板上，接地引脚连接 Arduino 开发板的引脚 GND，如图 14 - 6 所示。

2）连接小车电动机

从小车左前部的 J4 引脚接口将小车左电动机引脚 INA、ENA 及右电动机引脚 ENB、INB 依次连接 Arduino 开发的引脚4、5、6、7，如图 14 - 5 所示。

3）连接电源

将小车的电源引脚 VCC 在面包板上与红外接收器电源引脚连接，再将它连接 Arduino 开发板的引脚 5 V；小车电源地引脚 GND 连接 Arduino 开发板的引脚 GND，如图 14 - 6 所示。

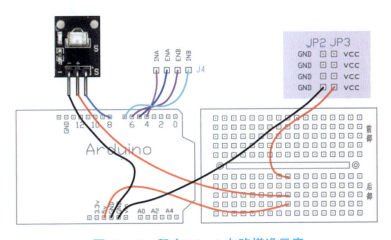

图 14 - 6　程序 14 - 1 电路搭设示意

4. 体验效果

上传程序 14 – 1，拔下数据线后体验遥控小车的效果。

（1）将小车放在地面上，打开小车的电源开关，双手持红外遥控器。

（2）将红外遥控器发射端对准小车上的红外接收器，如图 14 – 1 所示，分别按住 "▲""◄""►""▼" 4 个按键，遥控小车做 4 种姿态的运动；松开按键，小车停止。

 课后制作

1. 制作名称

【课后制作 14 – 1】 遥控小车（2）。

2. 制作任务

制作一辆红外遥控小车。用红外遥控器控制小车的左转、右转、后退和停止；没有红外遥控信号时小车始终保持前进状态。（提示：参考程序 14 – 1，修改或调整其中的相关部分）

第 *15* 课

遥控灭火机器人

随着自动控制技术和智能技术的不断成熟，灭火机器人（又称为消防机器人）开始广泛应用于火灾救援，以减少火灾所带来的损失。

灭火机器人能够代替消防员进入有毒、浓烟、高温、缺氧等高危险性灭火救援现场。灭火机器人作为特种机器人的一种，在灭火和抢险救援中越来越发挥着重要的作用。

灭火器根据不同的灭火方式划分，有泡沫灭火器、水力灭火器、风力灭火器等。

15.1 项目任务

【项目 15 – 1】 遥控灭火机器人。

制作一个红外遥控风力灭火机器人。

任务要求

（1）将小风扇安装在教学小车上，用红外遥控器控制教学小车和小风扇。

（2）用点燃的蜡烛作火源。

（3）当灭火机器人靠近火源时，打开小风扇灭火。

灭火机器人最小安全距离示意如图 15 – 1 所示。

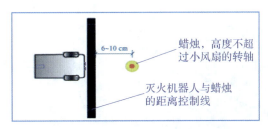

图 15 – 1 灭火机器人最小安全距离示意

15.2 编写程序

【程序 15 – 1】 遥控灭火机器人。

1. 编程思路

（1）定义两个函数分别控制教学小车与小风扇。定义函数 xiaoChe( ) 实现控制教学小车运动的功能，定义函数 xiaofengshan( ) 实现控制小风扇的功能。

（2）在主程序内根据遥控信号调用相应函数。

（3）设置红外遥控器按键功能，如图 15 − 2 所示。

图 15 − 2　红外遥控器按键设置示意

2. 构建程序模块

程序 15 − 1 模块构建示意如图 15 − 3 所示。

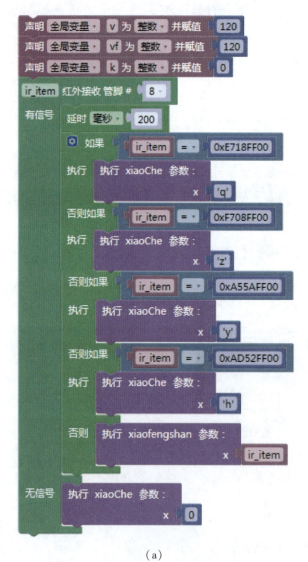

（a）

图 15 − 3　程序 15 − 1 模块构建示意

（a）主程序模块

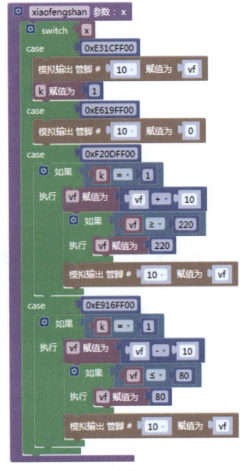

(b)

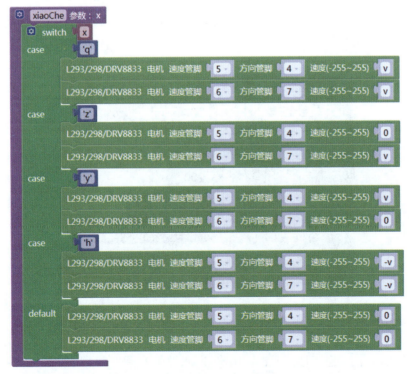

(c)

图 15 −3　程序 15 −1 模块构建示意（续）

（b）函数模块；（c）函数模块

3. 程序注解

图 15-3 所示的程序 15-1，实际上是第 13 课"遥控小风扇"和第 14 课"遥控小车"中两个程序的组合。可以发挥模块化程序的优势，只需要将这两个程序复制过来进行适当的调整和修改就行了。

1）复制程序

（1）新建程序文件。

打开 Arduino AVR，选择"文件"→"新建"命令，单击"残忍清除"按钮，新建程序文件。命名新文件为"15-1"并单击"另存为"按钮保存文件（图 15-4）。

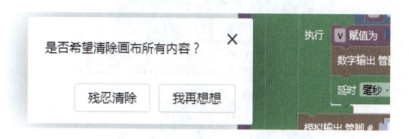

图 15-4　新建程序文件

保存空白新文件后，在保存程序的文件夹中，分别打开程序 13-1、程序 14-1 并将这两个程序复制过来。

（2）复制程序 13-1。

①在程序 13-1 中，单击"红外接收"模块，黄色框内的所有模块被选中。

②在计算机键盘上按"Ctrl + C"组合键将选中的模块复制到计算机剪贴板（图 15-5）。注意，不能单击鼠标右键复制。

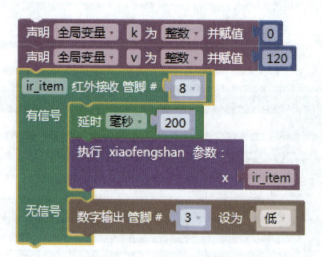

图 15-5　按"Ctrl + C"组合键复制黄色框内的模块

③打开空白文件 15-1，按"Ctrl + V"组合键把复制的程序模块粘贴到程序 15-1 中，并单击"保存"按钮把它保存下来，如图 15-6 所示。

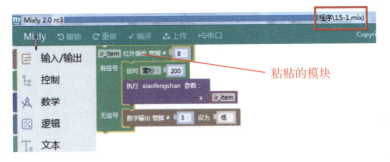

图 15 – 6　在程序 15 – 1 中粘贴程序模块

④打开程序 13 – 1，复制 xiaofengshan( ) 函数模块①，然后把它粘贴到程序 15 – 1 中并保存，如图 15 – 7 所示。

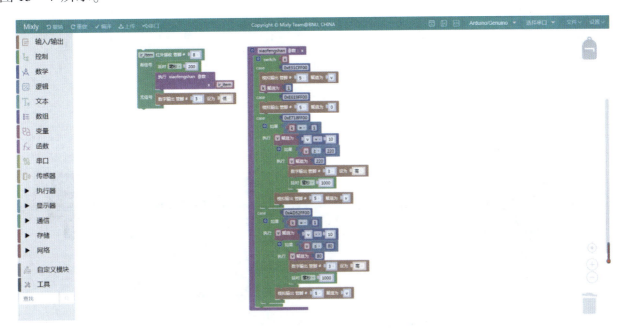

图 15 – 7　粘贴 xiaofengshan( ) 函数模块

（3）复制程序 14 – 1。

用同样的方法复制程序 14 – 1，如图 15 – 8 所示。

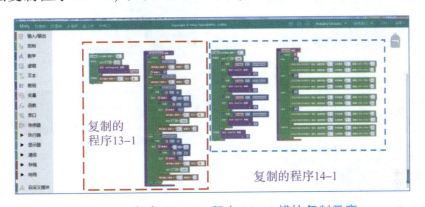

图 15 – 8　程序 13 – 1、程序 14 – 1 模块复制示意

---

① 注：在第 13 课中该函数名为 xiaofengshan。

2）调整与修改程序

根据项目任务要求和编程思路，对复制过来的两个程序进行调整与修改。

（1）调整与修改主程序。

参照图15-3（a）所示程序模块结构进行调整与修改。

①对红外遥控器的按键功能进行调整或重新设置，如图15-2所示。

②定义变量。由于一个个地复制变量模块很麻烦，所以直接在程序15-1中重新进行定义。

程序中变量v为教学小车电动机速度，变量vf为小风扇电动机速度，变量k控制小风扇电动机的启动。

（2）合并主程序。

在程序14-1的主程序模块上方定义3个变量，将其"红外接收"模块中的4个"如果/执行"模块拖到左边；再在"有信号"缺口中构建4个"如果……否则如果"模块和1个"否则"模块，并将左边的模块拖放到对应的位置；最后修改对应的按键编码，如图15-9、图15-3所示。

（3）修改xiaofengshan()函数的相关参数，如图15-3所示。

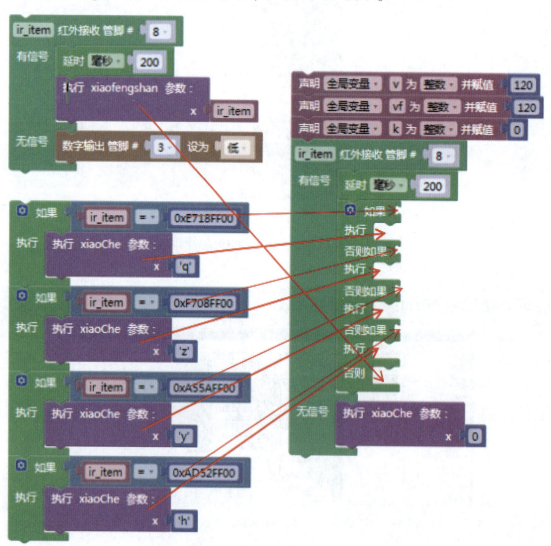

图15-9　主程序调整与构建示意

15.3 项目体验

1. 所需器材

（1）教学小车；

（2）红外遥控器组件：红外遥控器、红外接收器；

（3）N20扁形直流微电动机；

（4）三极管；

（5）跳线、积木若干。

2. 元器件安装

（1）红外接收器安装见第14课"遥控小车"的图14-5。

（2）小风扇安装见第13课"遥控小风扇"的图13-8。

3. 电路搭设

1）连接红外接收器

将红外接收器的信号引脚连接Arduino开发板的引脚8，电源引脚"＋"先连接到面包板上，接地引脚连接Arduino开发板的引脚GND，如图14-6所示。

2）连接三极管与小风扇电动机

将三极管插在面包板左前角，引脚1（发射极）连接Arduino开发板的引脚GND，引脚2（基极）连接Arduino开发板的引脚10，引脚3（集电极）连接小风扇电动机（N20扁形直流微电动机其中一条引脚线，小风扇电机的另一条引脚线连接在面包板上与红外接收器的电源引脚连接，如图15-10所示。

3）连接教学小车电动机与电源。

（1）教学小车电动机连接。

从教学小车左前部的J4引脚接口将教学小车左电动机引脚INA、ENA及右电动机引脚ENB、INB依次连接Arduino开发板的引脚4、5、6、7，如图15-10所示。

（2）教学小车电源连接。

将教学小车的电源引脚VCC在面包板上与红外接收器的电源引脚连接，再将它连接到Arduino开发板的引脚5 V。教学小车的电源地引脚GND连接Arduino开发板的引脚GND，如图15-10所示。

4. 场地布置

场地布置如图15-1所示。

5. 体验效果

上传程序15-1，拔下数据线后体验遥控灭火机器人的效果。

（1）蜡烛不要超过图15-1所示的高度。

（2）教学小车靠近蜡烛时不要超过黑色控制线，以防止火焰烧到教学小车或跳线。

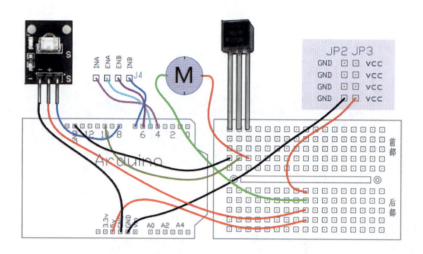

图 15 –10　程序 15 –1 电路连接示意

（3）如果灭火时风力不够，应逐渐加大小风扇电动机的转速。

（4）体验效果时一定要注意安全，防止小风扇的叶片伤到手指，也不要拿着燃烧的蜡烛到处跑动。应严格按照老师的要求开展体验活动。

 **课后制作**

1. 制作名称

【课后制作 11 –1】　遥控灭火机器人（2）。

2. 制作任务

在程序 15 –1 中增加遥控灭火机器人的警报功能。从机器人出发时开始鸣响警报，在打开小风扇开始灭火时警报停止。

警报音效可以用蜂鸣器实现，也可以用防空警报实现。制作好后上机体验。

参 考 文 献

［1］ 中国电子学会普及工作委员会. 机器人基础技术教学［M］. 北京：《电子制作》杂志社，2021.

［2］ 中国电子学会，上海享渔教育科技有限公司. 智能硬件项目教程［M］. 北京：航空航天大学出版社，2018.